櫻井喜美夫＝著

出口王仁三郎の大復活

コスモドラゴン降臨

太陽出版

出口王仁三郎の大復活

コスモドラゴン降臨

序《じょ》歌《か》

月光いよいよ世に出でて
東《あずま》の国に開かれぬ
輝き渡り永遠《とことは》に
下津《したつ》岩根《いはね》に溢れつつ
荘厳無比の光明は
現はれ坐《ま》せり人々よ
四方《よも》の国より聞え来る
霊《たま》の清水に渇く人

精神界の王国は
真理の太陽晃々《くわうくわう》と
尽きぬ生命《いのち》の真清水《ましみづ》は
慈愛の雨は降りそそぐ
世人の身魂を照らすべく
一日も早く目を覚ませ
誠の神の声を聞け
瑞《みず》の御魂《みたま》に潤へよ。

大正十一年八月十日（旧六月十八日）　於竜宮館
（『霊界物語』第二八巻海洋萬里　卯の巻）

まえがき

前著の『出口王仁三郎の遺言』を刊行したことで、いろんな方から反響がありました。大本の信者の方から、「大本（教）のタブーのことをよくぞ書いてくれた」とお手紙をいただいたり、「一気に読めて指針が見えた」というお声もいただきました。「わからないところが理解できた」、「いろんな本を読まなくても、多くのことが勉強できた」「読みやすくて分かりやすかった」、また「懐かしいことが書いてあり、ぜひ会いたい」とわざわざ人づてに連絡をされてきた方や、新幹線で友人とともに遠方から会いに来られた方もいました。

サインをして多くの方に進呈したこともあって、感謝の手紙をたくさんいただいたり、また、いろんなプレゼントや祝賀会を催してもらったり、花束もたくさん頂戴しました。

本を出す前には、まさに死の間際に立たされたような状況だったので、生還できて本当によかった、そして、当たり前のことができることが心の底から有り難いと感じられました。

この間、まさに地獄と天国の両方を経験させていただいたかのようです。

そして、王仁三郎の研究者や王仁三郎の魂とご縁のある方等々、どなたも私が拙著で記した王仁三郎の裏神業に関心を示され、今こそ「神一厘の仕組み」を発動させなければならない、との思いを強く持っておられることに心強さを感じた次第です。

前著に続いて、二作目となる本書を出版することになったのは、その後、さらなる出会いと宇宙レベルでの大きな変化があったからです。

なかでも特筆すべきは、前著で述べた「現ユダヤと日本の融合」が、思わぬ形で成し遂げられたことです。

詳しくは本文で述べますが、王仁三郎は、秘密権力による世界征服計画書と言われる『シオンの議定書』を手に入れたことで、「本当のみろく（五六七）と偽《にせ》みろく（六六六）の戦いが行われ、その型が大本、そして日本や世界においてなされる」ことを知り、この日本で神の選民たるユダヤの直系と日本人が結合することにより「みろくの世」が開かれると予言しました。

そして前著を出版した後、はからずもその型示しとなる出来事を体験しました。それは、ユダヤの龍と日本の龍を融合させることであり、ある人物との出会いによって今年（二〇一二年）の四月四日に実現したのです。

前著で示した通り、そもそも日本列島は龍体です。

そして、櫻井家は王仁三郎の命によって、代々大本のご神体と八大龍王を祀るお役目を担ってきました。

ある時期から裏神業の点と点を結び「たばね神業」を行うようになった私は、そのご神体を結集して、それまで封印されていた龍をふるい起こすために、白山神社や諫早湾など各地でご神業を行ってきました（本文で詳述）。

しかし、これらの龍は、みな色を持つ地球上の龍です。

こうした龍は、人間とともに働く存在であって、本来は人びとが崇《あが》めるような信仰の対象ではありません。あくまで、世の立替え・立直しのために、みろくの世、すなわち理想の社会を築くために人間が龍たちの力を借りるのです。

そしてもう一点、この本で皆さんにお伝えしたいのは、地球上の龍の生みの親ともいえる宇宙根源の龍＝「コスモドラゴン」が降臨している、ということです。

コスモドラゴンは、地球上の龍とは違って色を持たず、そもそも光を持たないのです。これまで人類が遭遇したことのないような、物質の最小単位とされるクォークとかプランク長（1.616 $\times 10^{-35}$ m）よりも微細な超素粒子で、宇宙の中心から発せられている宇宙エネルギーそのものだとも言えます。

このコスモドラゴンのエネルギーの振動に、一人ひとりが共振共鳴することが、人類が宇宙意識に目覚めて、「大峠」を乗り越え、みろくの世を築いていくための鍵になります。

詳細は本文に譲りますが、私がユダヤの龍と出合い、さらにコスモドラゴンが降臨したことによって、王仁三郎の遺言がいよいよ真実味を帯びてきた……。つまり、これまでの囲いが取れて、本当のこと、真実が明らかになる時代がついにやってきたのです。

さらに、前著に引き続いて、この本では、「王仁三郎の復活」についても具体的に述べています。これは、私にとってもある意味、非常に衝撃的な出来事です。

とはいえ、何も王仁三郎の力にすがったり、予言が当たる云々の話ではありません。あくまで、一人ひとりが宇宙意識といかにつながるか、魂の岩戸を開くか、そのために役立つと思われる私の経験や霊的な気づきをまとめたものが本書です。

ここに書かれた内容をどのように人生に活かしていくか、それはあなた自身に委ねられています。

本書が、あなたの内なる神とつながり、最奥の宇宙根源神＝ＣＯＵを感じるヒントになれば、それにまさる喜びはありません。

櫻井　喜美夫

目次

第3章　コスモドラゴン降臨 ………… 83

第1章
天に王星の顕れるとき

三千世界の立替え・立直しの始まりを告げるある出来事

「天に王星の顕れ、地上の学者知者の驚嘆する時こそ、天国の政治の地上に移され、仁愛《みろく》神政の世に近づいた時なので、これがいはゆる三千世界の立替立直しの開始である」(『霊界物語』第一巻第二四章)

聖師・出口王仁三郎が残したこの言葉は、「みろくの世」「三千世界の立替え・立直し」、すなわち、この世における理想社会の到来を告げる、ある出来事を示しています。

それは、「天に王星が顕れ、地上の学者智者の驚嘆する」ような出来事です。

私は以前からこの言葉が脳裏にしっかり焼き付いていたため、ここで王仁三郎がいう「王星」とは、前著で述べた「ニビル星」(惑星X)ではないかと思っていました。ところがその後、それを覆すような新たな情報がもたらされたのです。

今年(二〇一二年)一月に発表されたMSN産経ニュースの「巨星ベテルギウス、迫る

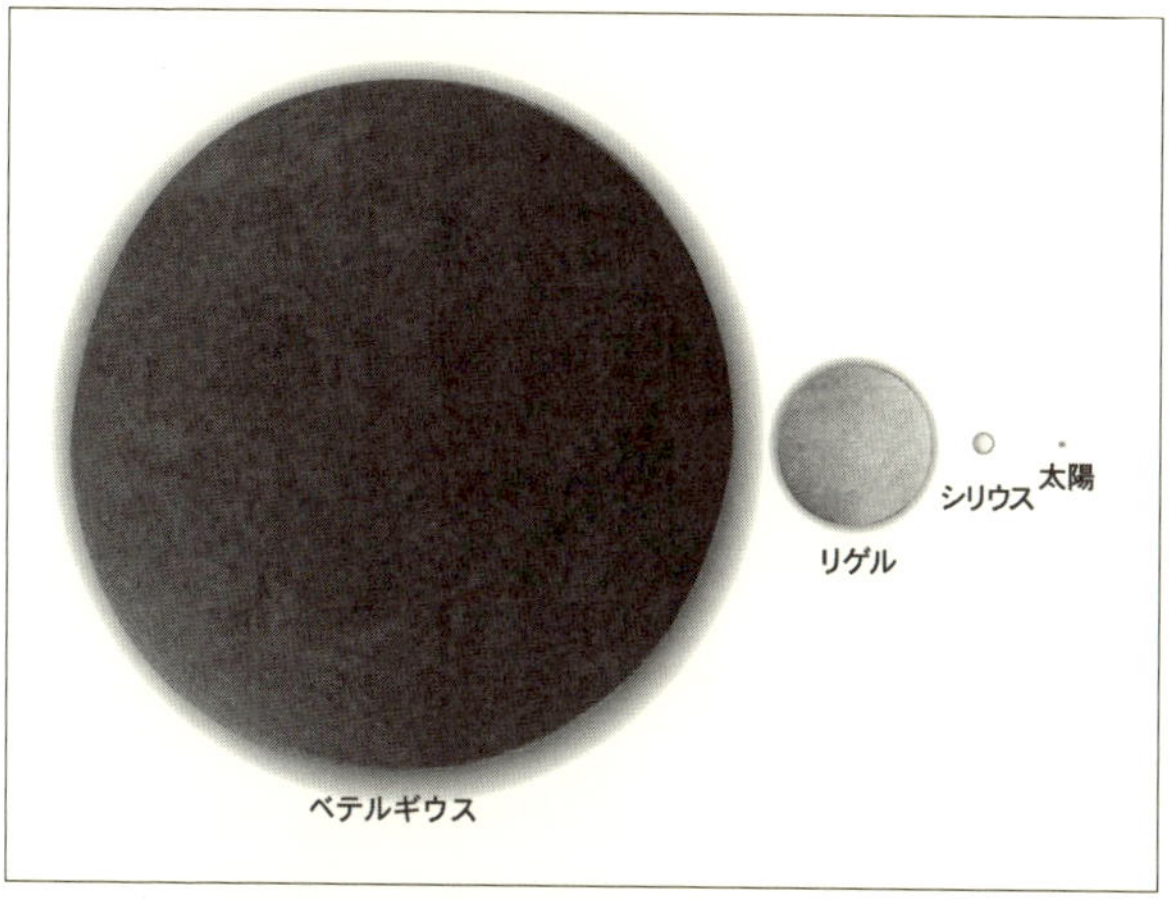

ベテルギウスの直径は、太陽の千倍。全天で９番目に明るい星。

大爆発　青く輝く天体ショー」と題する記事。そこには次のように書かれていました。

「冬の夜空で赤く輝くオリオン座の1等星『ベテルギウス』が注目を集めている。近い将来、星の最期である『超新星爆発』を起こすとみられているからだ。天空に突然、月ほどの明るさが出現する希代の『天体ショー』は、いつ始まるのか。

ベテルギウスは太陽の20倍の質量を持つ恒星。直径は太陽の1千倍もあり、肉眼でも見えるほど非常に大きく膨らみ、赤く輝いている。『赤色超巨星』と呼ばれる年老いた星だ。

恒星は核融合反応で輝いており、燃料の水素が燃え尽きると一生を終える。太陽の８倍以上の質量の星は、寿命が近づくと赤色超巨星となり、最期は大爆発を起こして突然、輝く『超新星』になる。

質量が大きい星ほど明るく輝くので燃料の消費が早く、寿命は短い。太陽は約100億年の寿命の半分が過ぎたところだが、ベテルギウスの寿命は約1千万年で、いつ爆発してもおかしくない終末期にある。（中略）

ベテルギウスが爆発したらどうなるのか。東京大数物連携宇宙研究機構の野本憲一特任教授（星の進化論）らの解析では、最初に表面が100万度の高温になり、X線を放つ。肉眼で見える可視光が出てくるのは1時間後で、1万度で青色に輝くという。

ここから星は膨らみ始め、2時間後に全天で太陽の次に明るい恒星『シリウス』と並ぶ明るさとなり、3時間後には半月の明るさに到達。面積当たりでは半月の1千倍、満月の100倍のギラギラ度だ。この明るさが3カ月ほど続く。オリオン座は冬の星座なので夏に爆発すると日中しか見られないが、昼間でも十分に分かる明るさという」（二〇一二年一月五日付「MSN産経ニュース」）

いつ現われてもおかしくない段階!?

巨大な恒星ベテルギウスが超新星爆発すると、およそ六百四十光年離れた場所にあるとはいえ、「月ほどの明るさの星が天空に突然出現」するらしく、専門家によれば、そのような現象がいつ現われてもおかしくない段階に入っているそうです。

ＮＨＫＢＳプレミアム「コズミックフロント」という番組で以前、シュミレーションされた内容が放映されていて、これを見ると「超新星爆発により月ほどの明るさ」になることがよくわかります。（その模様は現在、ＮＨＫオンデマンドで見ることができます）

やがて世界に起こるであろうことを「型」として初めに体験してきた日本が、３・11の東日本大震災と原発事故という「大峠」を迎えた直後、にわかに注目されているオリオン星座のベテルギウス……。

王仁三郎が予告した、「王星」とはこのことだったのかもしれないと、今まで探していたパズルのピースが突然、見つかったような思いがしました。

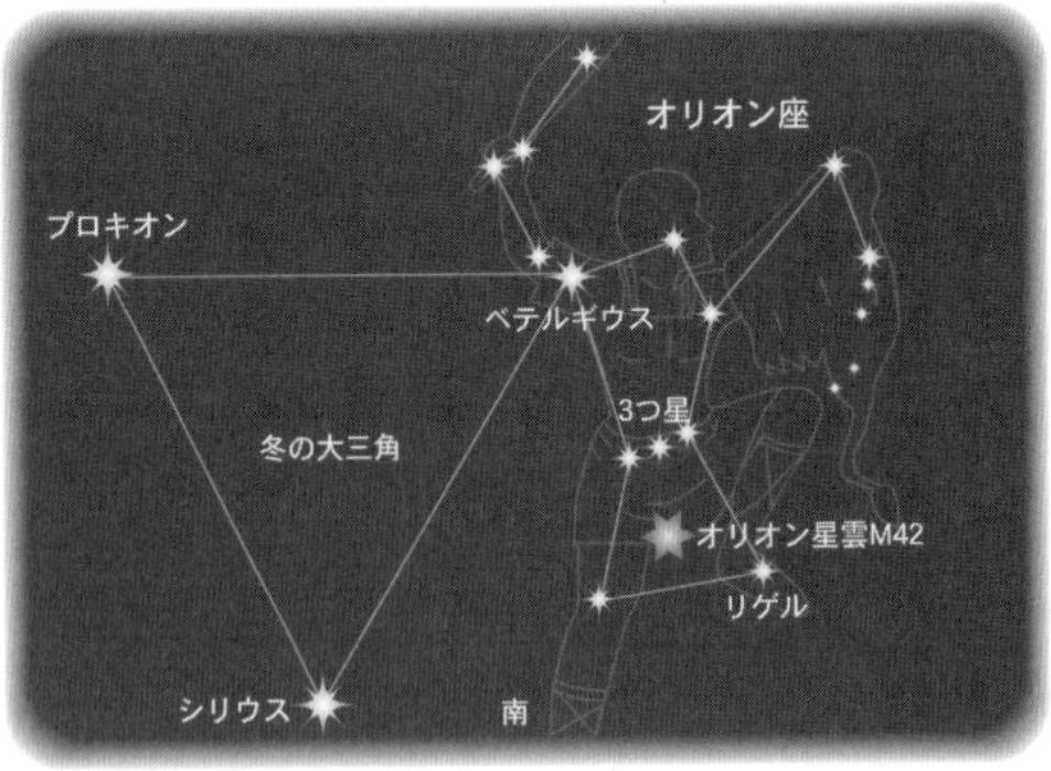

オリオン座は冬を代表する星座の一つ。ベテルギウスは巨人オリオンの右肩に位置する赤い星。おおいぬ座のシリウスとこいぬ座のプロキオンとともに「冬の大三角」をつくっている。

私だけでなく、『霊界物語』の読者や王仁三郎ファンの方なら、このニュースを見たときにピン！　とくるものがあったのではないでしょうか。

このニュースを知るまで、私は「王星」というからには、かなりの大きさや明るさを持つ、まさしく「王」と言えるほどの星だろうと思いながらも、はたしてそんな巨大な彗星が太陽系に侵入することがあるのか？　あるいは、前著でお伝えしましたが、「ニビル星」（惑星X）がそれに当たるのかもしれないなどと、あれこれ思いを巡らせていました。

しかし、このオリオン星座のベテルギウスの超新星爆発の大きさといい、明るさといい、まさに「王星」と呼ぶにふさわしい、ピッタリの現象ではないでしょうか？

マヤ文明の末裔《まつえい》とされている米国のネイティブアメリカンのホピ族にも、『「青い星カチーナ」が見えると「浄化の時」が始まる』との予言があるようで、これはベテルギウスが爆発した後、「青色に見える」ことにも当てはまります。

何といっても極めつけは、この超新星爆発が「オリオン星座」で起こることです。

王仁三郎の背中には、まさにオリオンの三ツ星と言えるような大きなほくろが三つあり、自らもオリオン星座と因縁があると語っていました。

また、オリオン星座を地に移すために、大本の天恩郷神苑内に月宮殿をつくっていました。（第二次大本事件では、この総石造りの月宮殿を破壊するために千五百発以上のダイナマイトが使用されたといいます）

さらに、王仁三郎自身が第一次、第二次大本事件によって、神の経綸《しぐみ》や人類の贖罪のために、牢獄に収監されるであろうことを示唆する意味で、オリオン星座を「ひとや（牢屋）」とも呼んでいました。それほど、王仁三郎とオリオン星座には非常に深い縁があったのです。

救世主のあかし、オリオンの三ツ星

王仁三郎は、大本第二次弾圧時（一九三五年十二月八日に起こった宗教弾圧事件。巡教先の松江で検挙された王仁三郎は当時六十五歳）、自らの宿命とオリオン星座の関係について次のような歌を読んでいます。

「治維法違反容疑者としてけいさつへ拘置されたる師走の八日
取りしらべ漸く終へて虎の館に通ひて猫の如くなりぬる
大虎は小猫を数多さいなみつくはへて送る狼館へ
狼の古巣にしばし留められオリオン星座に入りし我かな
オリオンの星座に我は収まりぬ昭和十一（年）三月十三日（中略）
オリオンの星座の開く時を待つ我は闇夜を照らす月光」（『出口王仁三郎著作集第5巻』「朝嵐一」）

さらに、大正十三年、王仁三郎が極秘裡に日本を脱出して、数人の部下とともに満蒙独立のために大陸に渡った際、馬族の盧占魁《ろせんかい》は、観相学者の意見を聞き入れ、王仁三郎の身体に印されていたキリスト磔刑《たっけい》の聖痕《せいこん》と背部のオリオン星座のほくろを確認することによって、王仁三郎が「救世主」であることを見抜いたと伝えられています。（以下、文中の「日出雄」は王仁三郎のこと）

「盧占魁は更に、日出雄の掌中に現はれたるキリストが十字架上に於ける釘の聖痕や、背に印せるオリオン星座の形をなせる黒子《ほくろ》等を見て非常に驚喜した。そしてこの次第を哥老会《からうくらい》の耆宿《きしゅく》揚成業《ようせいげふ》や蒙古王の貝勒《ばいろく》、貝子《ばいし》鎮国公《ちんこくこう》を初め、張彦三《ちゃうげんさん》、張桂林《ちゃうけいりん》、鄒秀明《すうしうめい》、何全孝《かぜんこう》、劉陞三《りうしょうさん》、大英子児《たあいんづる》、賈孟卿《じゃむちん》等の馬賊の頭目や、張作霖《ちょうさくりん》部下の将校連にも之を示し、天来の救世主だ、この救世主を頭に戴いて内外蒙古に活躍すれば成功疑ひなしと、確信してゐたのである。それゆゑ日出雄は蒙古に入つても凡ての上下の人々より、非常な尊敬と信用を受けたのである」（『霊界物語』特別篇山河草木入蒙記 第二篇第九章）

また、王仁三郎は、この蒙古入りは素盞嗚尊《すさのおのみこと》の神業であると述べています。

「一体素盞嗚尊は大国主命《おおくにぬしのみこと》に日本をまかされて、御自分は朝鮮《そしもり》の国に天降り給ひ、或ひはコーカス山に降り給ひて亜細亜《あじあ》を平定され治められてゐた。(中略)ゆゑに素盞嗚尊の神業は大亜細亜に在ることを思はねばならぬ。王仁が先年蒙古入りを為したのも、太古の因縁に依るもので、今問題になりつつある亜細亜問題といふものは、自ら天運循環し来る神業の現はれであるといっても良い」(『玉鏡』「素尊の神業」)

天の囚獄に囚われた「瑞の御霊」

出口和明《やすあき》氏の著書『出口なお 王仁三郎の予言・確言』(みいづ舎刊)にもこう書かれています。(故・和明氏は王仁三郎の孫であり、大本教団とは別に王仁三郎の権威だけを認める「いづとみづ」の会を主宰し、作家として、また宗教法人「愛善苑」宣伝使会会長として独自の活動をした人物です)

「地上の人類はそれぞれ天の星を負って生まれてくる。しかし多くは暗星で光を放っていないから見えない。大臣でも三等星か四等星、歴史上の人物では豊臣秀吉や西郷隆盛が一等星であった。王仁三郎自身の星はといえば、天の囚獄《ひとや》オリオン星座で、瑞《みず》（三つ）の御霊が千座の置戸を負って立つ姿だとみずからは言う。天に描かれた巨大な囚の字形に四隅を封じこめられた形の三つ星、王仁三郎の背には、まざまざとその印が大きな黒子となって刻されているのだ。

オリオンは、ギリシア神話に出てくるゼウスの弟で大海原を治めるポセイドンの子、海上を自由に歩ける狩の好きな美しい巨人であった。太陽神アポロンの妹・月の女神アルテミスに愛されたが、アルテミスは兄神アポロンにあざむかれ、海中を歩くオリオンを殺してしまう。気がついたアルテミスは、嘆きつつその死体を天の星の中にとじこめてしまった——。

オリオンが海を治める神の子で太陽神と争って星に囚われるなど、やはりスサノオノ命の宿業《しゅくごう》を暗示していよう」

和明氏が述べているように、オリオンは、月の女神に愛され、悲運にも誤って殺されてしまい、星に閉じ込められた海の神の子。

そして王仁三郎は、スサノオの御魂《みたま》の系譜（顕現）であったことから、スサノオが「荒ぶる神」として高天原を追放されたように、王仁三郎も国家権力による二度にわたる大弾圧（第一次、第二次大本事件）を受け、ともに同じような運命を辿ったのです。

このように、オリオン―スサノオ―王仁三郎は、霊的に同じ運命を共有しているのです。

また、王仁三郎はオリオン星座について、北斗星などとともにとても重要な働きをしていると述べています。

「しかしてこの月球を保持するは（中略）北斗星、北極星、オリオン星および三角星の四大星体なり。この四大星体は、月球の直接保護に任じ、瑞の身魂の活用を主としつつ、大空、大地の中間を調理按配する重要なる職務を有するものなり」（『霊界物語』第六巻第二六章）

つまり、大空の月を支えているのは、オリオン星座をはじめとした、北斗星（北斗七星）、北極星および三角星（シリウス）の四大星体であり、これらによって大空と大地のバランスもうまく保たれている、ということです。

四隅の角が空いて「王仁三郎」が外に出る

これらの言葉から、オリオン星座のベテルギウスの超新星爆発が霊的に何を意味するかといえば、「天に描かれた巨大な囚の字形に四隅を封じこめられた形の三つ星」が解き放たれ、宇宙の神器が変容して、これまでの日、地、月の安定が崩れるということです。

「囚人」という字を見ればおわかりのように、ひとが四方に囲まれてまさに捕らえられているかのように見えます。その四隅の角が空くことによって、囚われ人が外に出られる——つまり、オリオン星座を中の三ツ星（＝三つの御魂＝瑞《みず》の御魂《みたま》＝王仁三郎）が、外の四隅の星を結ぶ四角形の牢獄に囲われている形だと考えると、その囲《かこ》いの一角であるベテルギウスが消滅することで、四角形の方陣が破れる。

それによって、これまで悪神や邪神によって閉じ込め、押し込められていた「王仁三郎」が表に現われる、ということです。

この点に関して、和明氏も『スサノオと出口王仁三郎』（八幡書店刊）で、『霊界物語』に秘められたスサノオ神話の霊的意味を解読し、高天原神話の深層から瑞霊《みずのみたま》＝スサノオの復権を論じ、秘められた五十音図のアナグラムをもとに、スサノオこそが世界救世の神であると述べています。

今の日本人にとっては、スサノオ（素盞鳴尊）よりも天照大御神《あまてらすおおみかみ》のほうがなじみがあるかもしれません。

しかし、前著でも述べたように、歴史を遡れば倭《やまと》の最初の王は出雲系のスサノオであり、その息子であるニギハヤヒとともに長い間、庶民に慕われていました。この二人は多くの日本人にとっての厚い信仰対象でもあったのです。

スサノオ・ニギハヤヒ祭祀は、ニギハヤヒの長男であるウマシマジの直系の物部氏が司っていたのですが、仏像崇拝をめぐって物部氏と蘇我氏との争いが起き、物部氏が滅ぼされて大和朝廷の有力者は神武天皇（初代天皇）とともに日向からやってきた一族（蘇我氏・

オリオン星座の四隅を囲うと中に三ツ星（三つの御魂＝瑞の御魂＝王仁三郎）が、「囚」われているように見える。ベテルギウスが爆発することで、その囲いが破れ、中から囚われ人（王仁三郎）が表に出られる。

藤原氏）が占めるようになりました。

やがて、藤原不比等《ふひと》が自らの永続性を確保するために天皇家（当時の持統女帝）に取り入り、記紀（古事記・日本書紀）の編纂《へんさん》に当たって、大和朝廷誕生以前に栄えた古代出雲系王朝の痕跡を抹殺することを画策し、このときにスサノオ・ニギハヤヒの業績が抹殺され、全国の神社から二人の名前が消されたと考えられるのです。

ですから、封印されてきた真の神・スサノオが復活することは、霊的には本来の真正（神の直系）日本に立ち帰ることでもあるのです。

すぐそこまで近づいている「みろくの世」

一方、もしベテルギウスの超新星爆発が起きると、現実的にはどのような影響が考えられるのでしょうか？

今の観測技術では、まだはっきりしたことはわかっていませんが、宇宙から莫大なエネルギー（放射線）が降り注がれるのは確かで、それが今話題のニュートリノです。ニュートリノとは、素粒子とされているレプトンの一つで、宇宙はこのニュートリノで溢れていることが、近年わかってきました。

過去、銀河系で千年以内に爆発した超新星としては、SN1054、SN1572、SN1604などがあります。

これらの超新星残骸は、かに星雲、ティコ、ケプラーという名前で呼ばれ、いずれも爆発時に肉眼で観測可能であったことから、藤原定家の日記『明月記』や天文学者ティコ・ブラーエ、ヨハネス・ケプラーの記録などの文献に詳しい記述が残されています。

超新星爆発によるニュートリノが観測されたのは、ＳＮ１９８７Ａ（一九八七年に観測された大マゼラン星雲内の超新星）が初めてで、爆発によって生じたエネルギー量は、太陽が四十五億年かけて放出してきた全エネルギーの千倍の量をわずか十秒で放出したものと推定されるそうです。

ＳＮ１９８７Ａのニュートリノ観測によって、超新星爆発のシナリオは正しいことが示されたものの、爆発の詳細なメカニズムについてはまだ解明されていないことから、物質とどのような相互作用を起こすかはよくわかっていないようです。

ただし、超新星爆発が起こると、強力なガンマ線が放出されるので、通常の爆発の場合、半径五光年以内に住む生物は絶滅、二十五光年以内の惑星に住む生命体は半数が死滅、五十光年以内に住む生命体は壊滅的な打撃を受けるとされています。

例えば、約四億五千万年前に起こった生物の大量絶滅（三葉虫、腕足類、ウミリンゴ、サンゴ類、筆石、コノドントなど）は、超新星爆発によるガンマ線バーストによって引き起こされたのではないかと考えられています。

ガンマ線バーストとは、ガンマ線が地球のオゾン層を破壊することをいい、そのために太陽の紫外線を大量に受けた生物が死滅した可能性があるからです。

超新星爆発自体は、広大な宇宙空間では頻繁《ひんぱん》に起きていて、私たちの地球も超新星爆発による宇宙のかけら（元素）が寄り集まってできたものです。

その意味では、宇宙を一つの生き物であるととらえると、常に星々の死と再生が起きていると言えます。地球に多大な影響を与える場所で、その死と再生がいつ起きるかはわかりませんが、オリオン座において爆発の機が熟してきているのは確かなようです。

もしその時期が差し迫っているのであれば、それは王仁三郎が予言した、スサノオの封印が解けるとき、すなわち、これまでの地球の安定が崩れて新たな時代が到来することを意味しています。

ベテルギウスの超新星爆発が、王仁三郎の説く「王星」であるならば、貧しき者、富める者、すべての人びとの正しい行いが報われる、「みろくの世」が本当に近づいたという印であると言えるでしょう。

ベテルギウスがいつ爆発するかはわかりませんが、もし私たちの生きている間に見ることができれば、「みろくの世」はもうすぐ手の届くところまで近づいてきているということとです。

「みろくの世」の前に大掃除をしなくてはならない

王仁三郎の予言は、過去、ほぼ百パーセント的中しています。その予言に一貫しているのは、「大本は日本の雛型《ひながた》。日本は世界の型。大本で起きたことが日本に起き、日本で起きたことがやがて世界に写る」という雛型経綸《ひながたけいりん》です。

同論について、王仁三郎は『神霊界』に発表された「大本神歌」という予言詩の中で次のように述べています。

「日出る国の日《ひ》の本《もと》は、全く世界のひな型ぞ。（中略）
わが九州はアフリカに、北海道は北米に、台湾島は南米に、四国の島は豪州（オーストラリア）に、わが本州は広くして、欧亜（ユーラシア）大陸そのままに、地形を止むも千早ぶる、神代の遠き昔より、深き神誓《ちかい》の在《あわ》すなり」

さらに、大本系の予言では、「みろくの世」が訪れる前に、人類が越えなくてはならない艱難辛苦、いわゆる、「大掃除」「大峠」があると予言されています。

「三千世界の大洗濯、大掃除を致して、天下泰平に世を治めて万古末代続く神国の世に致すぞよ。神の申したことは、一分一厘違わんぞよ。毛筋の横幅ほども間違いはないぞよ。これが違うたら、神はこの世に居らんぞよ」（出口なお著『大本神諭』）

「この世をこのままにしておいたなれば、日本は外国に取られてしもうて、世界は泥海になるから、末法の世を縮めて松の世にいたして、日本神国の行状《おこない》を世界の手本に出して、外国人を従わせて、万古末代動かぬ神の世で、三千世界の陸地《おっち》の上を守護いたして、神、仏事、人民を安心させてやるぞよ。

そこへなるまでに、世界にはもひとつ世の立て替えの大峠があるから、一日も早く改心いたして、神にすがりて誠の行ないに替えておらんと、今までのような、我さえ善ければ人は転けようが倒れようが見向きもいたさん精神《こころ》でありたら、神の戒め厳しきから、到底この大峠を越すことはできんぞよ」（『続・瑞能神歌』）

王仁三郎は、「日本は世界の床の間であるから、まず床の間から掃除を始める」とも言っていて、「みろくの世」（理想社会）が訪れる前に、天変地変を含めて世の中が大混乱し、人びとが心を入れ替えなければ生き残れないことも示唆しています。

人類の意識が、「我よし」というエゴイズムや「自然支配は当然」という意識のままでは、人類はおろか、他の生物の存続や地球の生態系そのものが危ぶまれることは火を見るよりも明らかです。

その意味では王仁三郎が唱えたように、私たち一人ひとりが国籍や人種を超えた愛善の心、自然と和する心を持たなくてはいけないのは、自明の理。

しかし、私個人としては、これから先の暗い予言に関しては、少しでも軽減されることを切に願っています。もちろん、そのためには、一人ひとりが心の掃除に努めるしかありません。

つまり、自分だけがよければいいという「我」を制して、感謝や奉仕、愛善の心、神の心を持つように自助努力することです。そして前著でも述べたように、これからは「宇宙の根源神とつながること」が何より大事です。

来たるべき「大峠」を何とか乗り越えるためにも、救世主や宗教などに依存することなく、個々人が直接、宇宙の根源神とつながることがもっとも重要であり、それこそが「一厘の仕組み」です。

そこで、次章では「私たちは今、どんな時代に生きているのか？」について、王仁三郎の言葉や予言を手がかりにしながら、私なりに解説していきたいと思います。

第2章

出口王仁三郎の大復活

人並みはずれた神通力を持っていた王仁三郎

前著をお読みいただいた方や、大本に関心がある方にとっては、明治の霊的巨人と言われた聖師・出口王仁三郎が、人並みはずれた特殊な能力（神通力）を持っていたことは、すでにご承知のことと思います。

例をあげればきりがないのですが、なかでも、私は王仁三郎の側近として七年間仕えていた三浦玖仁子《くにこ》さんの次のエピソードが最も王仁三郎の人柄を表わしているのではないかと思います。

「聖師さまが生言霊《いくことたま》によって雨風の神、地震の神を自由にお使いになったということは、古い信者さんはよくご存知のことでございます。（中略）

私はこんな状況を見たことがございます。聖師さまが離れにおいでになった時、にわかにガタガタと大きな音がして、地震がありました。その時、聖師さまはとっさに

庭に駆け下り、天の一角に向かって両手を組み、『ウーン、しずまれ』と、二回、言霊を発射されました。（中略）

聖師さまの言霊で地震が鎮まったという実証はできるものではありませんが、ただ聖師さまのすさまじさに驚きましたので、ここに書き留めておきます。

大正十二年九月一日の関東大震災の時、聖師さまはちょうど熊本の山鹿の温泉旅館〝松風館〟におこしになっておられました。（中略）

さて、旅館で横になっておられた聖師さまは随行の宇知麿《うちまる》先生に『霊界物語』第三十一巻の〝大地震〟の章を読むようにとのご指示がありました。聖師さまはそれをお聞きになりながらクウクウとよくお寝みの様子でした。しばらくして、フッとお目覚めになり、

『今のう、東京の震災に行って、たくさんの人を救ってきたのや、ホレ、これ見てみい、手や足を一杯火傷しているやろ』と、おっしゃいました。お肉体ではなく霊身でお助けに行かれたのです」（三浦玖仁子著『花いろいろ　出口王仁三郎聖師側近七年の記録』）

王仁三郎が言霊《ことたま》の霊力を使って天気を自由に変え、信者たちを驚かしたことがあるのは、大本信者の間ではよく知られています。

大事なのは、その能力をむやみにひけらかすのではなく、三浦さんが証言されているように、関東大震災時などの有事に、今でいう体外離脱をして人助けのためにその能力を活かしていたことです。

とりわけ、王仁三郎が持つ霊力の中でとくに優れていたのは、近未来に起こる出来事を察知する予知能力にあったようです。

私の父も聖師・王仁三郎にお仕えした大本信者でしたが、私が幼いころ、父はこんな思い出話を話してくれたことがあります。

終戦後で物がなかった時代、珍しく大きなブリが手に入ったので、父がそれを聖師のもとへ贈り物としてお持ちしようと思ったときのことです。

今ほど簡単に連絡の取れなかった当時、父はとにかく早くそのブリを食べてもらいたかったので、事前に何も連絡をせず、聖師のもとを目指しました。にもかかわらず、聖師はいつもの昼食の時間を突然、一時間半遅らせると皆に伝えたそうです。

やがて、父が聖師のもとへ到着。そこで、一流料理人の腕を持つ父が調理を始めてご馳走ができた時間が、ちょうどその遅らせた一時間半後だったわけです。

父は、そんな未来を読む聖師に驚いたといいます。

しばしばそのようなことがあったそうですが、ある日、聖師が櫻井家に向かおうとした際、信者の誰かが電車の時間が間に合わないので慌てて出ようとしていました。そのとき聖師は、「慌てなくても電車は時間が遅れるからゆっくりしなさい」とおっしゃったそうです。

すると、聖師の予告通り、はからずも電車は定刻からかなり遅れて到着したそうです。

こういった日常生活の中にも、王仁三郎の特異な能力が垣間見られます。

将来を予言・警告していた王仁三郎

王仁三郎は、当時はまだ問題視されていなかった公害にも言及し、予言・警告を発していました。

王仁三郎の〝現代の予言〟とは、はたしてどのようなものだったのか？
その点に関して、側近として仕えてきた大国以都雄《おおくにいつお》氏（人類愛善会相談役）と木庭次守《こばつぎもり》氏（人類愛善会参務）が「人類愛善新聞」（昭和四十八年七月一日号）のインタビューに答える形で語っています。
長文ですがとても重要な証言ですので、以下、同新聞から一部引用させていただきます。

「母体を守る」が第一

——現在、公害、天候異変による食糧危機の問題が世界的な問題になっています。
こうした問題について、出口王仁三郎師が、どのような予言警告をされているか、ということについて、おうかがいしたいと思います。

大国　王仁三郎先生は、**「人々が神に目ざめないと、わしが死んでから三代目か四代目になったら、たいへんなことになる」**と言われていましたよ。

——王仁師が、お亡くなりになってから、二代目……三代目がお生れになったんですから、だんだんそういう時代に入ってきたことになりますね。具体的にはどんなことなんですか。

大国　奇形児とか脳性異常児がふえて、まともに人間の姿、人間の感情をもったものが、ほとんど生まれなくなるということです。

――公害のため、水や空気、食糧が汚染されるためですか。

大国　そうでしょう。母体の胎内の、いわゆる子宮の中の胎児は、人体の凝集された、いわゆる種です。だから、針の先ぐらいのところが悪くても、生まれてきて、育って拡大されると、それが大変なことになる。

胎内にあるうちに母体が汚染される結果、それが胎児に重大な影響をうけることになる。人間性のない、と言ってはおかしいが、人間の資格のないものが生まれてくる。王仁三郎先生は、**「それがわしは、ほんとうに一番心配なんだ」**と、ほんとうに深刻な顔をして言われましたよ。そして、**「救世主は、すべてのものを救わなければならないというが、こういうものはなかなか救世主としても救いようがない……。**

しかしこんなことを今、人に言うたって、気違いと言われるから黙っておれよ」と言われるもんですから、長い間黙っていたんです。

電波の乱用は危険だ

（中略）

大国　ラジオの機械ができて、王仁三郎先生のところに大阪のお相撲さんが寄付して持ってきたんや。大きなラッパのついたラジオを聞いてもらおうと。

しかし、場所が悪いから入りが悪かった、雑音でね。王仁三郎先生のおられた瑞祥閣という建物の床の間で、何べんやってもうまくいかなかった。それで結局、また大阪へ持って帰った。けれども**「とにかく声が聞こえるというのは分かった。しかし、わしはすかん（嫌い）でのう」**と王仁三郎先生はおっしゃったんです。それで、私が「何故すかんのですか」と聞いたら、**「今はいいけれど、後何十年かすると、世界中に電波の網がはしるようになる。そうすると、神の調節（宇宙の調和）がかく乱されるのや。神の調節がかく乱されると、地上のものはおかしな状態になってくる。**

電波も、必要なものだけは、神さまは許されるから、そういうものはいいが、こんなものを娯楽に使ってはいけない」と言われたのですよ。

――そうすると、テレビの前に長時間坐って見るということは、精神的にも肉体的にも非常に悪いですね。

大国　それは当然です。テレビから出てくるのはレントゲンだから恐い。それはとくに母胎に影響するから恐いですよ。それから、電波の乱用で、「**見とってみい、気象現象でも徐々に変わってくるぞ**」と言われましたが、このごろは世界の各地で、大干ばつの所がある反面、大洪水におそわれるところもあり、世界の気象のバランスが破れてきているでしょう……。

だから、もう一度、このあたりで、現代文明を根本から考えなおさなきゃいかんです。

酸欠空気が土を覆う

――ところで、最近は光化学スモッグが、大きな問題になってきましたが、この問題について……。

大国　王仁三郎先生は、よく、「**空気がとまるときがくる**」と言われていました。

――空気がとまる、ということは、どういうことですか。

木庭　酸素がなくなるということですよ。酸欠空気の状態になる。現代は、火力文明の世の中ですから、酸素の消費がはなはだしい。このまま文明が進むと、王仁三郎先生の予言通り、酸素がとまるときが来ると思いますよ。

大国　われわれの吸う空気というものは、これは現在、もうどうにもならなくなっていますよ。王仁三郎先生はよく言われていたですよ。「まだお前ら、空気が楽に吸える間は安心しとれ。いくら肺を早く働かせようとしても、もう足りない、というような時代がくるわい」

われわれが、現在、一分間に何呼吸するか知らないが、五十年か三十年前と、現在の呼吸数を調べてみると、微妙に現在は早くなっているはずだと思うんです。とくに都会人は……。

――しかし、酸欠空気で呼吸が苦しくなるような時代は、いつごろ来るんですか。

大国　王仁三郎先生は、「まあ、お前の生きている間は大丈夫だ」と言われましたが、最近の大気の汚染状況からみて、これは案外早いかも知れん。

自給自足は当然の道

――次に、食糧の問題ですが。はたして、日本にも飢えの時代が来るでしょうか。

大国　これは、国民がこのままの精神では来るね。

米があり余ったと言って、えらく減反させた。そして、足りなくなったらよそから買えばよい、と言っておる。バカだと思うんだ日本人は。うちの米が足りなくなったら、隣のをあてにしておこう、というようなものですよ。日本人も、馬鹿もここまで来たか、と思うんですよ。だから、王仁三郎先生は自給自足だと言われたんですよ。

百姓も、長年の政府の間違った農業政策で、さっぱり精神的にも駄目になっている。百姓根性というものがない。

肥料も堆肥は人手がかかるといって化学肥料でパッパッとすましてしまう。そういうことで安心しておる。

しかし〝土〟そのものが、もうやせてしまって、ある時期に達したら力がなくなってしまう。そのうち、気候の変動でもあったら、どんなことになるか分からんですよ。

水の汚染が最も心配

――ところで、最近は、どこをみても、水が汚なくなりましたね。

王仁三郎先生は、ことに水を大切にされた方ですから、今日の状態をごらんになったら、何と言われるでしょう。

木庭　水が生命、宇宙の根源ですからね。非常に怒られるでしょう。

大国　王仁三郎先生が言われているでしょう、ご飯食わなくても、水さえ飲んでおったら相当生きられるって。

木庭　一ケ月は充分生きられるでしょう。

大国　水道の水では駄目ですが……。

木庭　自然の水には栄養が入っているんですね。

大国　王仁三郎先生は、よく、**「都会へ出て水をあまり飲むなよ。あれは消毒した死んだ水だから」**と言われていました。

今の科学は、基本に生命がないんです。生きていた水、これを皆殺している。これでは駄目なんです。

――これは、まさに科学の責任ですね。

木庭　科学者が、あまりに幼稚なんです。今の科学は、殺すこと、分析、解剖しか知らない。非常に局部的で、全体の幸福というものを考えていない。

大国　そうです。この宇宙が生き物だ、ということが分かれば変ってくると思うんだが。

木庭　王仁三郎先生は、「**地球は巨大な人体である。血管は川であり、水は地球の血液である。岩石は骨で、土は肉である**」として、自分の体と同じように地球を愛するようにならなければ駄目だ、大地は生き物、神の体である、と申されていますね。

いわゆる「地球人体説」が学者に理解されないと、地球は壊われてしまう。

大国　王仁三郎先生は、「**月日と土の恩を知れ**」と言われていますが、これが宗教、科学一さいの原点にならなければ、人類はこの先滅ぶほかはありませんよ。

木庭　王仁三郎先生は、精神上の迷信に根ざす宗教は言うまでもなく、物質的な迷信に根ざせる科学を、根本的に変革せねばならん、と言われています。

「神が造った大地が死ぬことはない」

王仁三郎は、電気の乱用についても、次のような警告を発していました。

「物質文明は日に月に発達し、神秘の鍵を以《もっ》て、神界の秘門を開いた如くに感ぜられる世の中になつたと言つて、現代の人間は誇つて居るやうであるが、未だ未だ宇宙の真理や科学は神界の門口にも達して居ない。しかし今日は、高皇産霊《たかみむすび》（霊系《れいけい》）、神皇《かむみ》産霊《むすび》（体系《たいけい》）の二大原動力より発生したる電気の応用は多少進ンで来て、無線電信や、電話やラヂオが活用されて来たのは、五六七《みろく》の神政《しんせい》の魁《さきがけ》として、尤《もっと》も結構な事であります。しかしながら物には一利一害の伴ふもので、善悪相混《あひこん》じ、美醜互《たがひ》に交はる造化の法則に漏れず、便利になればなるほど、一方にまたそれに匹敵する所の不便利な事が出来るものである。電気なるものは、前述の如く宇宙の霊素《れいそ》、体素《たいそ》より生成したものであるが、其の電気の濫用のために、宇宙の霊妙《れいみょう》なる精気《せいき》を費消《ひしょう》すればするだけ、反対に邪気を発生せしめて宇宙の精気を抹消し、為に人間その他一切の生物をして軟弱ならしめ、精神的に退化せしめ、邪悪の気宇宙に充つれば満つる程、空気は濁り悪病発生し害虫が増加する」（『霊界物語』第四巻第五十章）

今日の電気の応用は、確かに私たちの文明を豊かにしてくれました。しかし、それが行き過ぎると大変な弊害が生まれます。

それを先の東日本大震災で実際に体験していながら、これといった手を何も打っていない現状をみると、王仁三郎の言うように、「宇宙の精気を抹消し」てしまったのではないかと思わずにはいられません。

また、土に関しては、こんなエピソードもありました。以下は、大国以都雄著『真偽二道』からの抜粋です。

「そのうちに、『広島に落されたのは原子爆弾であって、三、四十年の間は植物も生えないだろう、というようなことを学者はいっている』とラジオで放送された。する

と聖師は以都雄に、

『すぐ広島に行って、土の状況を調べてきてくれ。土が死んでおれば学者のいう通りだが、常に地気の天上しつつある神の造った大地が、死ぬと云うことはない筈だ。調べてきてくれ』

と真剣に頼まれた。以都雄はその夜の貨車に飛び乗って、広島に行き市街に出たところ、そこには何物もなかった。（中略）ところどころ土を掘ってみた。しかし、土は死んでいなかった。生きていた。（中略）一握りの土を紙に包んで聖師に見せるべく持って帰り、『土は生きております。木や草の根も生きておりました。地気は大地の呼吸に合わせ天上しておりました』

と報告した。

『そうだろう。大地が死んでたまるか。神を殺す科学はまだできていない筈だ』

『やがて広島も長崎も復活するな』

といわれた」

これらの聖師の言葉を今、改めて読んでみると、身につまされるところがたくさんありますが、それと同時に、現代に生きる私たちの指針になるものばかりで、驚きを隠せません。

水は「地球の血液」

大国、木庭の両氏が証言しているように、王仁三郎には、現代の汚染された日本の状況が見えていたようです。

とりわけ水は、さきほどの話にもでてきたように、王仁三郎がもっとも大切にしていたものでした。言うまでもなく、水はすべての生き物にとっての生命線です。

とくに、東日本大震災やその後の福島原発事故の影響で、蛇口をひねっても水を飲めない体験をされた方も多くいらっしゃるかと思います。私たち日本人は、それが一時的なことだと思ってゆったりと構えていますが、世界中を見回しても日本ほど飲み水が安全な国はありません。多くの国では、蛇口をひねっても直接、水を飲めないところがほとんどなのです。

そんな私たちの国の大切な資源であり、王仁三郎が「地球の血液」とまで言っている水が、日本人の手の及ばないところで管理されつつあり、今まさに危機に瀕していることは、最近、フランスの民間会社が日本の水道事業に参入したことなどからも、非常に現実味をおびてきています。

以下は、「外資が水道事業で攻勢、仏ヴェオリアが松山市から受託」と題され、日本経済新聞（二〇一二年三月十三日付）に掲載されていた記事です。

「世界最大の水事業会社であるフランスのヴェオリア・ウォーターの日本法人、ヴェオリア・ウォーター・ジャパン（東京都港区）が２０１２年４月から、松山市の浄水場の運転業務などを始める。外資系企業が単独で日本の自治体の水道業務を受託するのは初めて。

ヴェオリアが手掛けるのは、市之井手や垣生など４カ所の浄水場の運転や設備の維持管理などの業務。このほか、公共側が資金を調達して民間企業に建設や維持管理を委託する『ＤＢＯ（Design Build Operate）』方式によって栗田工業などが建設した高井神田浄水場とかきつばた浄水場の配水業務なども担う。

松山市が２０１１年８月～11月に実施した公募型プロポーザルを経て、12月26日に市と契約した。契約期間は２０１２～２０１６年度の５年間で、受託金額は12億９６５４万円。

ヴェオリアが関わる６カ所の浄水場の給水量は１日当たり計14万ｔ（給水能力は計20万ｔ）。松山市の給水区域のほぼ全域をカバーし、人口の９割強に当たる約48万人に水を供給する。同社が日本の自治体から受託した水道業務のなかでは最大規模となる。

これまで松山市では、三菱商事などが出資するジャパンウォーター（東京都千代田区）が水道業務に携わってきた。２００４～２００６年度に垣生浄水場、２００５～２００６年度に市之井手浄水場、２００７～２０１１年度に両浄水場で、それぞれ運転業務などを受託。同社は、２０１２年度以降も業務継続を目指してプロポーザルに参加したが、一騎打ちとなったヴェオリアに技術面やコスト面で敗れた。

日本の水道市場の規模は２兆～３兆円と言われる。松山市のケースを機に、ヴェオリアをはじめとする海外勢と日本勢との競争が激化する可能性がある」

また中国人なども、水資源の確保のために、日本各地の森を買収し始めています。森は「緑のダム」と呼ばれるように、天燃水の貯蔵庫だからです。

「21世紀は水の奪い合いで戦争が起きる」と言われるほど、水資源の確保は国家にとって死活問題、最重要課題ですが、今の日本政府やマスコミ、一般国民の多くは、はたしてどれほどそれを深刻にとらえているか……。

経済産業省が発表した二〇〇八年度の通商白書によると、安全な水の供給を欠いている人口は、世界で十一億人とされ、安全な水が無いために、毎日四千五百人以上の児童が亡くなっている。今後、さらに水不足は深刻化すると見られており、二〇二五年には世界で五十五億人の人間が水不足に陥ると予想されているのです。

それだけでなく、現在、懸念されているのが、福島第一原発事故による放射能の汚染水処理問題やＴＰＰ（環太平洋戦略的経済連携協定）問題です。

放射能の汚染処理にいち早く名乗りを上げたのはフランスで、日本政府はフランスの一企業「アレバ社」に依頼したことは皆さんもご存じかと思います。その後の半年間は、アレバ社とアメリカのキュリオン社製の水処理装置を中心に稼働させていました。

アレバ社やキュリオン社にとっては強大なビジネスチャンスだったでしょうが、この汚染処理に関して当初、小出裕章・京都大学原子炉実験助教は「外国企業に頼まなくても、日本でできるのになぜ?」と疑問を呈していました。

その当時も確かに、金沢大学の太田富久教授とクマケン工業の共同研究チームが、アレバ社製品の二十倍の能力を持つ放射線汚染水処理粉末の開発に成功したとの報道も出ていたのです。

にもかかわらず、日本政府は国民にとって重大な対策をなぜあえて外国の一企業に委託する必要があったのか、大いに疑問を感じたのは決して私だけではないでしょう。

ＴＰＰ問題にしても然り。金子勝・慶應義塾大学経済学部教授は、「ＴＰＰ参加表明は日本人の敗戦パターン」とし、太平洋戦争末期と同じようにリーダーが不在で、負けることはわかっているのに、「竹やりを持って本土決戦」に備えているような状況だと懸念を表明しています。

要するに、ＴＰＰへの参加は米国の輸出を倍増する計画の一環であって、決して日本の対米輸出を増やすものではなく、それどころか、日本の農産物に壊滅的な打撃を被るなどの圧倒的なデメリットのほうが大きいということです。

まして、農業だけでなく、公共事業や金融、医療、保険など、「米国の思うつぼ」に陥る……ならば、いよいよ日本の将来は暗澹《あんたん》たるものになるでしょう。

偽りの「大峠」をしかける闇の勢力

今の日本を取り巻く状況を冷静に見てみると、政治的にも経済的にも、また社会的な面においてもさまざまな混乱が続いていて、当面、平和裏におさまる気配はありません。最近では消費増税法案も閣議決定し、ますます混迷の色が深まってきています。

もちろん、二〇一一年三月十一日に起こった東日本大震災（以降、「３・11」）の影響が甚大で、その後遺症もあるでしょうが、それだけではないと思います。とりわけ、二〇〇一年九月十一日に起こった米国同時多発テロ事件（以降、「９・11」）から始まる世界の混乱には、ある「シナリオ」の存在が色濃く反映していると考えられます。

それは、『シオン長老の議定書』あるいは『シオン賢者の議定書』（以下、『シオンの議定書』）と呼ばれるものです。

あのヒトラーは、この文書の内容をユダヤ人迫害の最大の理由づけにし、ホロコーストを起こす大きな要因にもなったとされており、今は「二十世紀初頭にロシア帝国秘密警察がユダヤ人を貶《おとし》めるために書かせた偽書である」というのが有力な説になっています。

しかし、この議定書は「偽書であっても内容は本物」という評価もあり、陰謀論者の間では、いわゆる〝闇の勢力〟による、大衆支配戦略書と呼ぶべき内容ではないかと見られているのです。

『シオンの議定書』には、例えばこのような記述があります。

・悪い本能をもった人間の数は、善い人間の数をはるかにしのぐ。私は指摘しなければならない。かれらを統治するには、学者ふぜいの論議によってではなく、暴力とテロリズムによって達成することが、最良の方法である、と。

・われわれの時代には、リベラルであった支配者の位置にとって代るのは金力である。かつては信仰が支配した時代があった。自由思想は誰ひとりとしてほどよい使い方を知らない。ゆえに、実現不可能である。人民を無秩序な群集に一変させるには、かれらに一定期間自治を与えるだけで十分である。与えた瞬間から、共食い闘争が勃発し、階級間戦争に発展し、その真っただ中で国家は焔に包まれて炎上し、かれらの権威は一山の灰燼に帰するであろう。

・すべての形態の権力が動揺している現在、われわれの権力は、他のいかなる権力にもまして目に見えないであろう。いかなる狡猾な者もくつがえせない強さに到達する瞬間まで、われわれの権力は表面には現われないからである。われわれが目下用いざるをえない一時的な悪から、確固たる支配という善が顕現する。この善は、自由思想によって形無しにされた国民生活の仕組みを平常の状態に修復するだろう。結果は手段を正当化する。しかしながら、われわれの計画においては、必要と有効なこと以上には、善とか道徳とかにはこだわらないことに留意しようではないか。

・地球のいたる所で、われらの盲目の代理人たちのおかげで、「自由・平等・友愛」

という言葉が、われらの旗を熱狂的にかざす大群を、われわれの隊列に引き入れてくれた。これらの言葉はまた常に、ゴイム（編注・非ユダヤ人のこと。本来は〝家畜〟の意味）の福利に穴をあけ、いたる所で平和、安寧、協同に終止符を打ち、ゴイムの国家の基礎を破壊する生きたエダシャクトリ［果樹の害虫］であった。後に述べるように、このことがわれわれの勝利を助けた。

とりわけ、われわれが切札を手中にする可能性をもたらした……特権の破壊、言い換えればゴイムの貴族支配の存在そのものの破壊である。唯一、人民と国とを守るこの階級は、われわれに敵対したのである。ゴイムの血統的な、系図上の貴族階級を滅亡させた所に、われわれは、金力の貴族が主導する、われらの教育を受けた階級を貴族として樹立した。われわれはこの貴族政治の特徴を、われわれ自身のものである富と、われらが学識ある長老たちが備蓄した知識とによって確立した。

『シオンの議定書』の立案者は誰か？

『イルミナティ 世界を強奪したカルト』（太田龍監訳・成甲書房刊）の著者、ヘンリー・メイコウ氏は、この『シオンの議定書』を書いたのは、イルミナティーロスチャイルドだと推定しています。

カナダ在住の同化主義的ユダヤ人として育ったメイコウ氏は、現代ユダヤ人には以下の三つの立場があるとしています。

①自分が住んでいる社会、民族、国家、文化、宗教などに同化すること。

②イエス・キリストを信じること。

③同化主義を拒否し、同化しないことを主義とする。同化しないということは、必然的に、タルムード主義、カバラ主義という立場をとることを意味する。

このうちの③番目「同化主義者」として出発したメイコウ氏は、イルミナティの謀略について探究し続け、反イルミナティのウェブサイトを立ち上げてほぼ毎週のようにニューズレターを発行し、それを陰謀論に詳しい故・太田龍氏が日本語に訳し、一部を公開していました。

それによると、『シオンの議定書』の著者または演説者は、イルミナティの中核の一つであるロスチャイルド家の一員、ロンドンロスチャイルド家の二代目ライオネル・ロスチャイルドであると述べています。

そして著書の中で、人類は現在、イルミナティに服従するように再設計されていて、イルミナティが結婚や宗教といった制度を弱体化し、堕落・腐敗・分裂をもたらそうとしていることや、彼らがすでに二つの世界大戦を実現し、今や第三次世界大戦を企図していると警鐘を鳴らしています。

メイコウ氏によると、イルミナティは悪魔崇拝カルトであり、この狂信的集団は秘密結社であるフリーメーソンとユダヤ系金融財閥が結託した組織だといいます。

フリーメーソンとユダヤ系金融財閥が結託した秘密結社イルミナティ。もし、彼らが世界の経済を詐欺的手段で操作しているとしたら、世の中を操っている側の人間でなければとても書けない『シオンの議定書』の内容とも一致しています。

一方、「9・11は米国政府による自作自演であった」ことをさまざまな調査によって明らかにした、作家のベンジャミン・フルフォード氏は、『シオンの議定書』を綴ったのは、欧米権力マフィアであり、現在はその権力者たちの崩壊が露骨に見られるようになってきたと述べています。

フルフォード氏によると、日本では、ユダヤ人だと名乗る欧米の権力者、すなわち『シオンの議定書』の長老たちに対して「ユダヤ資本」という間違った呼称が広まっているが、ルシファーを崇拝する彼らとユダヤとはまったく別の存在だと指摘しています。

そして、舞台裏で暗躍していた、イルミナティ、ロックフェラー家、ロスチャイルド家、ブッシュ家、英国王室、イエズス会等々の「闇の支配者」たちが、3・11後に分裂し、最終戦争が始まったと述べています。〈詳しくは、『図解 世界「闇の支配者」』〈扶桑社刊〉を参照〉

また、純福音立川教会牧師である泉パウロ氏は、ロックフェラーとロスチャイルドの関係について、前者を米保守本流派、後者をシオニスト派と見ています。

そして、著書『驚愕の真相 3・11人工地震でなぜ日本は狙われたか[Ⅱ]』〈ヒカルランド刊〉

の中で、石油資本のロックフェラーと原子力資本のロスチャイルドの戦いが激化し、３・11のあの日、ロックフェラー側によって、「世界のメディアと人々が目する人工地震が計画的に引き起こされ、自作自演の原発事故を引き起こし」たと述べています。

つまり、日本が「ロックフェラー対ロスチャイルド」の真っ向勝負の舞台となったというわけです。

泉氏は、イルミナティやフリーメーソンなどの「暗黒勢力」は無差別な大量殺りくを挙行し、大々的な人口削減計画を実行しようとして、現在水面下で次のようなことを画策していると警告しています。（以下は、泉氏の前掲書からの要約です）

・ＨＡＡＲＰ（高周波活性オーロラ調査プログラム）によって人工地震や人工津波を頻発させ、異常気象を操作し、天変地異の大災害を起こす環境兵器で世界を蹂躙《じゅうりん》している。

・遺伝子操作によって、食料売買の権利を独占。これを武器として支配することを狙っている。

・食品添加物の義務表示のからくりと化粧品添加物や添加物味のジュースといった、添加物混入疑惑。

・アトピーの原因ともなる石油系液体シャンプー・リンス類を宣伝攻勢と高付加価値をつけ高額で販売。

・沖縄本土復帰時に明るみになった、日本専売公社の販売する塩化ナトリウム九九・九九％の「塩」問題。

・カロリー「ゼロ」と銘打つ合成甘味料・アステルパーム等の成分の危険性と、それによる難病罹患や被害例の頻出。

・インフルエンザをはじめ口蹄疫《こうていえき》や感染細菌類のジェット機による散布（ケムトレイル）。

・米国奴隷を余儀なくされている現行の医療行政。化学療法、非加熱製剤、子宮頸《けい》がん予防ワクチン、精神安定剤などに含まれている限りなく不審な成分……。

・原子力の平和利用などという美名のもとに、安全だと吹聴しながらも原発に設置した高さ百メートルもの巨大煙突。そこからまき散らされる危険物質の数々。

・広範囲なる汚染地域を生む原発事故の管理・処置権利の独占。
・世界各国から見放された「米国債」。紙くず同然であるにもかかわらず、いろんな手段を講じて日本に買い取りを押し付けているという実態。
・金融自由化と称して、紙くず基軸通貨・米ドルによる「円」との不平等専横交換と日本企業や銀行の紙くずドルによるはげ鷹買収の加速化。
・音声識別感知のコンピューター管理による、全世界の電話盗聴システム「エシュロン」の構築と敷設の完成（現在作動中）。
・デジタル家電、携帯電話・テレビ・パソコン・電子レンジ等の人体への隠された悪影響と限りない危険性。
・「TPP条約」の深刻で破壊的な条項を日本に圧力をかけ締結させようとする切迫した台所事情。

神諭にも示されていた「石屋の陰謀」による世界覆滅

ユダヤ人やフリーメーソンに対する評価は、陰謀論者の間でも分かれますが、実は、王仁三郎も『シオンの議定書』を手に入れていたようです。

王仁三郎は、秘密結社のことを「魔素（マツソン）」として、次のように語っています。

「本年五月十日（大正八年）伊勢御礼参拝の途次《とじ》、数名の随行員と共に東都《とうと》に上り、某氏の手より、魔素の陰謀シオンの決議書を手に入れ熟読すれば、故教祖の御手を通じて国祖国常立尊《くにとこたちのみこと》の予告し、警告し玉ひし、外国の悪神の秘密計画書にして、神諭の所謂《いわゆる》「外国から廻ってきた筆先」であることを知って非常に驚倒すると共に、注意周到なる大神の天眼通力に感服せざるを得ませんでした。神諭に石屋の陰謀とか、【我が在る】の悪計とか出て在るのは、即ち魔素（マツソン）秘密結社の事を示されたものである。吾人は天下の形勢に鑑《かんが》み、慎重の態度を採って赤裸々に発表することを見合せて居ったのであるが、時機の切迫と共に東京の「公論」という雑誌に、弥々《いよいよ》今回発表されて了ったから、有志の諸君は同誌を一部購入して、明治二十五年からの大本の神諭と、対照されたならば、実に大本大神（国祖大神）の数千年間の御苦心と、故教祖の天下無比の神格者で在った事が首肯される事と思ふのであります」（『神霊界』大正八年十二月十五日）

また、昭和初期には、「マッソンの世界覆滅大陰謀着着爪牙をあらはし」とも述べています。

「（略）今日の世界の窮状前知して説き来りけり三十六年の間
国民は自己愛にのみふけりつつ神の大道を歩まざりけり
世人等は利慾に惑ひ智慧くもり終末来るを覚らざりけり
政治経済世界ことごと行詰りゆきつまりつつ世の末近めり
正義公道夢にも解せぬ国民は支那のみならす欧米各国

マッソンの世界覆滅大陰謀着着爪牙をあらはし来れり（略）」（『神国日本』昭和八年十二月）

そして、フリーメーソンやイルミナティなどの闇の勢力は、「六六六」という数字をとても大切にしています。これは『ヨハネの黙示録』第一三章に出てくる「獣の数字」のことであり、反キリストを指しているのです。

「私はまた、一匹の獣が海から上って来るのを見た。それには角が十本、頭が七つあり、それらの角には十の冠があって、頭には神を汚す名がついていた。（中略）

それから、その獣の像に息を吹き込んで、その獣の像が物を言うことさえできるようにし、また、その獣の像を拝まない者をみな殺させた。

また、小さき者にも、大いなる者にも、富める者にも、貧しき者にも、自由人にも、奴隷にも、すべての人々に、その右の手あるいは額に刻印を押させ、この刻印のない者はみな、物を買うことも売ることもできないようにした。この刻印は、その獣の名、または、その名の数字のことである。

ここに、知恵が必要である。思慮のある者は、獣の数字を解くがよい。その数字とは、人間をさすものである。そして、その数字は六百六十六である」（『ヨハネの黙示録』第一三章）

キリスト教徒からすると、この「六六六」は悪魔の数字であり、裏で世界を支配するサタンを意味し、フリーメーソンやイルミナティの中枢にユダヤ系の人が多いことから、ユダヤ民族を「六六六」と見なす人たちもいます。

ちなみに、前出の泉氏は東日本大震災が起こった年月日をある方法で足していくと、十八という数字が導き出され、それが「六六六」を意味するとも言っています。

では、はたして王仁三郎は、ユダヤ民族やフリーメーソンについてどのように見ていたのでしょうか？

王仁三郎から見たユダヤ民族の霊的な役割とは？

一言でいうと、王仁三郎は、ユダヤ民族のことを否定的にとらえたり、悪く言ったことはありませんでした。

『霊界物語』に次いで私の愛読書となっている王仁三郎の言行録、『新月の光』（八幡書店刊）から、ユダヤについて関連する記述をいくつかご紹介させていただきます。

「ユダ（編注・ユダヤのこと）がしばらく世界を統一する。それから○○（原文ママ）の番だ」

「ユダヤ問題が判らぬと駄目だぞ。王仁の文献にはユダヤのことを悪く書いたところないやろ」

「昭和十八年大本農園にて、内海健朗氏がユダヤのことをいろいろ申しますと『王仁はユダヤのことを悪く書いたところはない。これを読め』と『霊界物語』第六十四巻（校定本では六十四巻上）を示されました」

「神は偽悪だ。悪に見せて大善をなす」

「昭和七、八年頃、聖師様が『天風海濤』と書かれました。その頃、琵琶湖があれて舟が転覆したり水が赤くなったりしたことがありました。聖師様は『ユダヤの竜神と日本の竜神との戦いであった。江州はユダヤの型でここが開けんと世界は開けん。宣伝歌を歌って、琵琶湖を一周するように』と教えられました」

「ユダヤは神の選民で、艮《うしとら》の金神が道具に使っていられる。ユダヤは悪に見せて善をやるのや。ユダヤは九つのしるしあるものを探しているのだ。ユダヤは十八階級のうち一階級三人。二階級十八人。三階級三十六人。日本人でもユダヤに這入《はい》っているが、十二階級以下である。一階級上のことは全然判らぬから、最高幹部の考えていることは判らぬ。ユダヤの仕組で十六魔王を戦争で戦いぬかして倒してしまう。東条も十六魔王のうち。

王仁が白紙委任を頂くようになってから、天国の姿の通り移して制度を日本に立てるのだ。ユダヤの最高幹部やこちらは判っているから出来上がったら、この仕事は艮の金神様の仕事やと王仁は証明するだけや。艮の金神様が天の大神様から勝手にやれとまかされたのやと思うのや。わしらは今から思うと笑いがとまらぬ。水も漏らさぬ仕組とはよく言ったものだ。イスラエル民族の十二の支族のうち十一は外国にある。日本にも一つの流れがあるが変質しているから本当のは少ない」

「ユダヤということは、神命奉仕者ということで、神様から選ばれたのだから神の選民なのだ。イスラエルというのはユダヤと同じ事。天孫民族とは全然違う。日本は天孫民族だから選民とは違うんや。直系や。ユダヤの三分の一は良いので三分の二は〇い（原文ママ）ので、これがフリーメーソンをやっているのである。今の戦はこれがやっている。イスラエルの十二の氏族は選ばれたのや。一番いいのが日本へ来ているので日本民族だ」

「日本へ残るのはエエ身魂ばかり残るのや。長男や。長男ばかり日本に残って神様を祭るので、次男や三男は皆外国へ行って働くのや。神様を祭った者が長男や」

要するに、ユダヤ（イスラエル）民族自体には、神に選ばれた奉仕者（選民）としての役割がある。その一部は、神の直系・天孫民族である日本人と融合しているが、一方で変質せずに残っているユダヤ民族はというと、艮の金神が「悪に見せて善をやる」道具に使われている。それはつまり、必要悪＝「偽みろく」としての働き、ということです。

また、王仁三郎は「六六六の獣」と「五六七の大神」について、以下のように語っています。

「バイブルに六百六十六の獣と云う言葉があるが、それは三六様《みろくさま》に抵抗すると云う事である。〇〇〇〇の如き（原文ママ）がそれである。もし其通りになつたならば宗教は滅びる。宗教が滅ぶれば反乱が起る。六といふ字は神と人が開くと云ふ字なので、即ち、丶はカミ、一はヒト、八は開くと云ふ事である」(『水鏡』「六百六十六の獣」)

「天も水《み》(六《み》)中界も水《み》(六《み》)下界も水《み》(六《み》)で世界中の天地中界三才が水《み》(六《み》)計りで在りた世に一番の大将神の御位《みくらい》で御出遊《おいであそ》ばしたので六《み》(水《み》)を三つ合せてミロクの大神《おほかみ》と申すのであるが、天の水《みず》の(六《み》)の中から、の一霊《ほち》が地に下りて五《いづ》(火《ひ》)と天が固まり地の六《み》(水《み》)に、の一霊《ほち》が加《くわ》はりて地《ち》は七《なな》(地成《なな》)となりたから、世の元から申せばミロクは六六六《みろく》なり、今の世の立直しの御用から申せばミロクは五六七《みろく》と成るのであるから、六百六十六の守護は今までのミロクで、是からのミロクの御働きは五六七《みろく》と成るので在るぞ」(『神霊界』大正八年三月一日号)

「大国常立之尊《おほくにとこたちのみこと》の元の誠の姿は頭に八本角の生えた鬼神の姿で、皆の神々が余り恐ろしいと申して寄り付かぬやうに致した位いの姿で在るから、今の人民に元の真の姿を見せたら、震い上りて眼を廻すぞよ」(『伊都能売神諭』)

以上のことを私なりに解釈すると、これまでは偽みろく（悪神）である「六六六の獣」（フリーメーソン）が、お役としてこの世を支配してきたが、これからの立て直しの時代には、本当のみろくである「五六七の大神」（大国常立之尊）が現われて働くようになる、ということです。

そして、この「五六七（みろく）」の時代には、もはや人類は宗教を必要としなくなるでしょう。その神権発動のときが、いよいよ迫ってきています。

王仁三郎の霊的な復活は近い

「六六六」に象徴される、これまでの「偽みろく時代」が終わりを告げようとしている……。

それは、前述したベンジャミン・フルフォード氏らが指摘しているように、「闇の勢力」が内部分裂をし始めていることからも明らかでしょう。

もちろん、泉パウロ氏が警告しているように、「闇の勢力」は最後のあがきでさまざまな策を弄《ろう》するかもしれません。

金融やエネルギー政策、人工地震やテロ、あるいは疫病や戦争などによって世の中の混乱を煽りつつ、自分たちの支配欲を満たそうと人びとをマインドコントロールし、個人の自由を縛り、管理を強めようとするでしょう。

その意味では、油断は禁物です。

なかには、そうした混乱やこの世の危機的状況が「大峠」だと思って、不安や恐怖におののく人たちもいるかもしれません。

しかし、それは意図的に作られた偽《にせ》の「大峠」に過ぎません。この世の人間が意図的につくりだした「危機」に惑わされてはいけません。本当の「大峠」は、人類の意識変革を促すために起きる、宇宙レベルのエネルギー現象です。

重要なのは、宇宙の大変化にともなって促される地球自体の変容であり、その目的は人びとの意識の進化です。

宇宙の大変化によって宇宙創造の根源神（スの神）が復活・顕現し、それによって目覚めた人たちが愛善の心を持って、「みろくの世」――理想社会を築いていくための試練なのです。

私は宇宙根源神を「Center of Universe（COU＝宇宙の中心）」と呼んでいますが、一人ひとりがCOUとのつながりを取り戻すことによって、意識の進化が促されるのです。その宇宙の大変化の一つが、前章で述べたオリオン星座のベテルギウスの超新星爆発であり、「五六七」という「本物のみろく時代」の到来を告げるものだと思います。

このように、時代が大きく変化して人類の意識が変わることを、ニューエイジの分野では「水瓶座の時代」といい、この時代になると、一部の人たちに犠牲を強いるこれまでのピラミッド構造が崩れて、真実が浮き彫りになり、人びとの対等な関係が築かれると言われています。

日本でもフルフォード氏の著作が注目を浴びたり、アメリカで制作されたドキュメンタリー映画「THRIVE」（スライヴ）が世界各国で話題になるなど、「世の中のカラクリに気づく」人が増えていることからも、闇の勢力による企てがこれからもどんどん明るみになっていく――私はそれを大いに期待しています。

「THRIVE」（＝繁栄）というタイトルのドキュメントを製作したのは、フォスター・ギャンブルという人物で、世界を支配している金融資本家グループの構造やフリーエネルギーやＵＦＯの技術が圧殺されてきた歴史などについて、さまざまな専門家に取材し、その実態を明らかにするとともに、金融資本家たちによる世界支配に向けた行動計画と、それに対する非暴力・非服従による解決策などを提案しています。（［公式サイト］http://www.thrivemovement.com/）

この映画の主旨は、そのような「闇の勢力」による陰謀の実態をよく踏まえたうえで、一人ひとりが彼らの仕掛けや仕組みに気づき、できるだけそれを避ける生活へと転換し、目覚めた者同士が助け合って、別の新たな仕組みづくりを始めようということです。

このような既存の体制に組みしない生き方は、かつて王仁三郎が戦争に反対し、公害に警告を発し、自給自足や穀物菜食の生活を勧めたことと、基本的に一致しています。言うなれば、古いピラミッド型の社会システムから、新しい水瓶座時代にふさわしい自立した者同士のゆるやかなネットワークによる相互扶助システムへの転換です。

マグニチュード９・０という日本における観測史上最大規模の地震を経験した後でも、

その苦しみの中で人と人との絆を失わず、お互いに助け合い、支え合い、励まし合いながら前を向いて生きている東日本大震災の被災地や支援者の方々の姿を見て、私は感銘を受けました。日本人もまだその方向に舵を切れる可能性はあると思います。

王仁三郎は、ことあるごとに世界の雛型としての日本の役割について強調していました。「日本の人民は、尊き天地の神の宮に拵《こしら》えてあるからこそ、この世を救えるのは日本人しかいない」と！

「日本の人民は尊とき天地の神の宮に拵らへてあるので在るから、神の生き宮を余程清浄に致さんと、神が生きた宮に住みて、天地経綸の御用を勤める事は出来んから一日も早く今までの汚ない心や、小さい物欲を速川の瀬に流し捨てて、身禊の行を致して居らんと、肝腎要めの世界改造の御用が勤め上がらんぞよ」（『伊都能売神諭』）

宇宙の大変化、王仁三郎の霊的な復活とともに、今までの社会システムが崩壊する。そのときこそが、本当の「大峠」です。

前著『出口王仁三郎の遺言』で述べたように、王仁三郎から裏神業を託された人たちが、大本の流れとは別に、決死の思いでその神業を継承してきたのは、一人でも多くの人に大峠を無難に乗り越えてもらいたいという聖師・王仁三郎の大いなる愛に応えたからです。

はたして、その大峠はどのような形で訪れ、どうすれば乗り越えられるのか？

次章では、それを暗示させるもう一つの「宇宙の壮大な変化」について述べてみたいと思います。

第3章
コスモドラゴン降臨

二〇一一年十二月十日に起きた宇宙の大変化

「みろく世」の到来、そしてその前に訪れるであろう、宇宙の大変化によって引き起こされる「大峠」を告げる現象とは何か？

その兆候がいつ現われても見逃すことがないように、私は常日頃から霊的直感を研ぎ澄ませていました。オリオン星座ベテルギウスの超新星爆発の機が熟しているなら、その前に必ずや何らかの兆候が現われるに違いない、と。

結論から言うと、昨年（二〇一一年）十二月十日土曜日の夜にそれは起きました。月と地球と太陽が一直線に並び、月全体が地球の影に隠れる「皆既月食」です。

とくにこの日の皆既月食は、始まりから終わりまで見ることができるという好条件であり、おおむね全国的に好天に恵まれたことから、九州や日本海側を除く多くの地域で観測されました。

みなさんは、この皆既月食をどのようにご覧になられたでしょうか？

夜空の明るさを調査研究している星空公団によると、今回の皆既月食中の調査結果から、月食が進むにつれて夜空の明るさが十倍以上変化し、皆既時には月の影響がほとんどない程度まで夜空が暗くなることが明らかになったそうです。

「12月10日は満月であり、日没とともに月光の影響で夜空が明るくなっています。しかし、部分食の始まった21時45分頃から夜空は暗くなり始め、皆既月食の始まる23時頃には18等級／□″程度まで暗くなりました。明るさの変化は2・5等級／□″であり、これは光の量に換算すると約10倍になります。つまり、皆既月食によって夜空の明るさが1時間に10分の1まで減少したことになります。（中略）

これらの調査結果から、月光が夜空の明るさに大きな影響を与えていることがわかりました」（星空公団二〇一一年十二月十八日「プレスリリース」）

満月の夜、ついに〝大きな扉〟が開いた！

十二月十日夜、私は非常に特別な思いで天空を眺めていました。というのも、この満月の夜に起こった皆既月食により、〝大きな扉〟が開いたからです。

これは私の霊視によるものですが、このとき今までにない宇宙の龍、「コスモドラゴン」が出現したのです。この満月の夜の特別な現象を通じて私の目に映ったのは、まさにコスモドラゴンが地球へ降り立った瞬間でした。

皆既月食の際、地球が太陽と月の間に入り、地球の影がすっぽりと太陽を隠した瞬間に、まったくエネルギーがない状態になりました。つまり、新月のときと同じ状態です。それから、地球が少しずつ動いていき、再び満月の夜空へと戻りました。

太陽と月が重なったとき、太陽の光は月の光と交じわって新たな光へと変わり、これまでとは比べものにならないほどの優しい月光が地球へ入ってくるようになりました。この新たな月光が、宇宙の龍神を目覚めさせた――新月と満月が同時に出ることで生まれたエネルギーによって、かつてない龍神「コスモドラゴン」が地球に降臨したのです。

このコスモドラゴンという龍神は、究極の素粒子、量子、スカラー波といったたぐいのものなので、もちろん目には見えない速さで、宇宙の中心からこの地上へと重力波により瞬時に到達しました。光よりも速いため、これまで龍神の姿を見てきた人たちも、きっとその存在にはまだ気づいていないと思います。

この宇宙の龍神こそ、宇宙のマルチョン（⊙）、すなわちスの神である大国常立大神《おおくにとこたちのおおかみ》の正体です。今まで地球史上始まって以来、誰もその姿を見たことはありませんでした。

しかし、なぜ今、コスモドラゴンがこの地球上へ降臨してきたのでしょうか？

それは、人類が一つにならなくてはいけない、地球が新たなステージへとその歩みを進めなくてはならない時期であり、その最終局面に達したからです。そしてコスモドラゴンの降臨によって、これから地球の波動が大きく変わっていきます。この龍神の持つ強力な波動が、地球を救う働きをしてくれるのです。

コスモドラゴンは、人の魂と宇宙とをつなぐ、これまでにない龍神です。

それだけでなく、コスモドラゴンの降臨は、今まで表舞台に立っていた「太陽」が終わりを迎え、これからは「月」が主役になることを意味しています。つまり、この皆既月食をきっかけに、コスモドラゴンの封印が解け、今まで陰の存在だった月がようやく表に出てきた、ということ。

王仁三郎によると、月は地球の産みの親。「月光の山に天地の神々を斎《いた》き奉りて世を開くべし」と述べているように、月の光がこの世を開く鍵なのです。

コスモドラゴンの降臨によって、いよいよ月の時代が到来します。王仁三郎が待ち望んでいた立替え・立直しの時代、「みろくの世」の扉が、ついに開き始めたのです。

今までの龍神は太陽系から来たエネルギー体

宇宙神の化身とも言えるコスモドラゴンと人類意識の覚醒について語る前に、これまでの龍神の働きについて確認しておきましょう。

これまでの龍神と言えば「青龍」や「赤龍」など色のついた龍が知られています。彼らのすべては、太陽系に起源を持ち、七つの色を持つという特徴があります。地球上、すなわち三次元世界にもたらされたエネルギーは、すべて七色に変換されるからです。

昔、学校で習った「光のスペクトル」を想い出してみてください。

ホワイトボードなどに向かって、自然光（白色光）を分光器（三角プリズム）に当てると、波長の短いほうから順番に七つの色が現われる現象です。この色の違いは、光の波長（周波数）の差から出る屈折の大きさの違いから生まれます。

それと同じように、太陽光が地球に入ると、空気中の水滴によって屈折や反射が起きて、赤、橙、黄、緑、青、濃紺、紫の七色になります。いわゆる虹の色です。

この七色は、それぞれの波長の違いを表わしていて、光の中で最も波長の長い部分が赤く見え、短い部分が紫に見えるのです。また、この人間の目で見える領域の光を「可視光線」と呼び、さらに波長が長くなると、赤外線の領域、逆に波長が短くなっていくと紫外線領域になり、これらの領域は人間の目には見えません。

ところが、目には見えなくても、さらに微細な波長レベル——私たちの身体を構成しているオーラやチャクラなども、この七色のエネルギーによって成り立ち、維持されています。

つまり、七つの光エネルギー（色）が、人体のオーラやチャクラを構成しているというわけです。

チャクラとは、宇宙エネルギーを取り込んでいるポイントで、全部で七つあり、それぞれの虹色に対応しています。

第一チャクラと呼ばれるルートチャクラの赤から、順に、第二チャクラは橙、第三チャクラは黄、第四チャクラは緑、第五チャクラは青、第六チャクラは濃紺、そして第七チャクラであるクラウンチャクラの紫色です。

エネルギーの流れとしては、まず会陰部《えいんぶ》にある赤色のルートチャクラに反応して、順々に上昇していき、最後のクラウンチャクラまでたどり着くと、私たちの肉体を包むオーラとなります。

そのオーラにもエーテル体やアストラル体など、七つ（七層）あります。そして、そのエネルギーはまた、それぞれの虹色に対応して七色のオーラになるのと同時に、今度は音《おと》霊《だま》と変化し、宇宙へ帰るのです。

音霊というのは、ド・レ・ミ・ファ・ソ・ラ・シという音階から成り立っています。最高音は「シ」、最低音は「ド」です。この音階は振動数のことでもあり、やはり、虹と同じように七色で表現されます。

最低音である赤色のドから順に上っていって、最後はいちばん高音の紫色のシ、そしてこれらが宇宙に帰っていくのです。

このように、色も音も元は太陽エネルギー（振動）が七つに変化したものなので、地球上の存在はすべて七つの振動数の違いによって成り立っています。ですから、地球上の龍神たちも、同じ七つの振動数を持つエネルギー体であり、七色の龍神がいるのはそのためです。

龍神とは宇宙の「気」を司っているもの

では、やがて音霊になって宇宙に帰る龍神たちは、いったいどこへと帰っていくのでしょうか？

それは、陰陽五行の世界に表わされている、月、太陽、木星、火星、土星、金星、水星の太陽系の惑星です。そこが今までの七色の龍の出所でした。

龍（ドラゴン）は、西洋では不吉な存在とされますが、東洋においては昔から神の使いや吉兆をもたらすエネルギー存在だとされてきました。

例えば、金星からきたとされる空海は、「虚空蔵菩薩真言《こくうぞうぼさつしんごん》」を唱えているときに「明けの明星（＝金星）」が口の中に飛び込んできて、求聞持《ぐもんじ》を会得したと言われており、また、お釈迦様も同じく明けの明星を見て、悟りを開いたと伝えられています。

これは、惑星（この場合は金星）特有の気を司っている、エネルギー体としての龍なのです。

天狗や五月満月祭（ウエサク祭）で知られる京都・鞍馬山の護法魔王尊《ごほうまおうそん》（サナート・クラマ）も、同じように金星から来ています。

このように、太陽系の惑星（とくに金星）が今までの龍神の発生地でした。

だから、「金龍」「赤龍」「黄龍」「青龍」などといった、虹の色や彼らの出所である太陽系の惑星に準じた色で表現されているのです。（ちなみに、「黒龍」というのは、黒色ではなく、七色仮面のように変化する特徴を持っています）

この今まで地球に存在していた七色の龍と、今回新たに地球上に降臨してきたコスモドラゴンには、決定的な違いがあります。それは、コスモドラゴンには色がないということです。

なぜなら、この龍神は宇宙の根源からやってきた、これまでの龍とは次元がまったく異なる存在だからです。

今までの地球上にいる龍神たちは、それぞれ縁のある龍神系の人びとを介して、各地でその場のエネルギーを活性化したり、時代の変革を促す機動力として働いてきました。例えば、よく知られている八大龍王は、『古事記』にある八人男女、すなわち五男三女神のことであり、京都の祇園祭はその八大龍王を祀る祭典です。

また、龍神系の人たちは、気や天候を操ったり、武術に長けていたり、非常に強く激しい運勢を持っています。

今回コスモドラゴンの降臨によって、これまでの地球上の龍神たちはますます活発になり、さらに大型の龍神たちが続々と覚醒しはじめています。コスモドラゴンは、その時を告げるために降臨してきたのです。

一般の人たちは、こういった龍神に対して、まるで「神」であるかのように崇《あが》める傾向があります。おそらく、今までの人たちがつくってきた「人間にご利益を与えてくれる存在」としてのイメージがあるからなのかもしれません。

しかし実際には、その龍が私たち人間に何をしてくれるのだろうかと期待をかけたり、一方的に頼ったりするのではなく、彼らが私たちと一緒にどんな働きをしてくれるのか？ということがもっとも重要なことです。

前述のように、そもそも龍というのは宇宙の「気」を司っているものです。それに、元も子もありませんが、龍は聞く耳を持っていません。つまり、私たちの願いは彼らには聞こえていないのです。ゆえに、龍に熱心にお願いしたとしても、それが実を結ぶことはほとんどありません。

それよりも、まず初めに龍の動きや働きを知って、その龍とともに自分が何をすべきかを自分自身で悟ることが大事です。そのうえで、龍を使えるようにならなければ、意味がありません。

まずは、「龍のエネルギーを使って何を成すのか？」という目的を明確にすること。そして最終的には、王仁三郎がそうであったように、龍体である日本そのものが真の使命に目覚めるために、龍を使うことです。

王仁三郎は宇宙神と龍の関係、そして日本の成り立ちについて、『霊界物語』第一巻第三篇第二一章「大地の修理固成」で詳細に述べています。少し長文ですが、とても大切なところなので、以下、関連箇所をそのまま転載します。

ちなみに、王仁三郎は『霊界物語』の音読を推奨していました。その理由は言霊《ことたま》にあります。全巻読むというのは大変なことですが、まずはこの一章だけでも読んでみてください。王仁三郎の魂との共鳴が感じられるかもしれません。

…………………………

「大国常立尊《おおくにとこたちのみこと》はそこで、きはめて荘厳な、厳格な犯すことのできない、すばらしく偉大な御姿を顕はし給ひて、地の世界最高の山巓《さんてん》にお登り遊ばされて四方を見渡したまへば、もはや天に日月星辰《じつげつせいしん》完全に顕現せられ、地に山川草木《さんせんさうもく》は発生したとはいへ、樹草の類はほとんど葱《ねぎ》のやうに繊弱《かよわ》く、葦のやうに柔かなものであつた。そこで国祖は、その御口より息吹を放つて颪を吹きおこし給うた。その息吹によつて十二の神々が御出現遊ばされた。

ここに十二の神々は、おのおの分担を定めて、風を吹き起したまうたが、その風の力によつて松、竹、梅をはじめ、一切の樹草はベタベタに、その根本より吹倒されてしまうた。大国常立尊はこの有様を眺めたまうて、御自身の胸の骨をば一本抜きとり、自ら歯をもつてコナゴナに咬みくだき、四方に撒布したまうた。

すべての軟《やはら》かき動植物は、その骨の粉末を吸収して、その質非常に堅くなり、倒れてゐた樹草は直立し、海鼠《なまこ》のやうに柔軟匍匐《ほふく》してゐた人間その他の諸動物も、この時はじめて骨が具《そな》はり、敏活に動作することが出来るやうになつた。五穀が実るやうになり、葱のやうに一様に柔かくして、区別さへ殆どつかなかつた一切の植物は、はつきりと、おのおの特有の形体《かたち》をとるやうになつたのもこの時である。骨の粉末の固まり着いた所には岩石ができ、諸々の鉱物が発生した。これを称して岩の神と申し上げる。

しかるに太陽は依然として強烈なる光熱を放射し、月は大地の水の吸収を続けてゐるから、地上の樹草は次第に日に照りつけられて殆ど枯死せむとし、動物もまたこの旱天《かんてん》つづきに非常に困つてゐた。しかし月からは、まだ水を吸引することを止めなかつた。このままで放任しておくならば、全世界は干鰈《ほしかれい》を焦したやうに燻《くすぶ》つてしまふかも知れないと、大国常立尊は山上に昇つて、まだ人体化してをらぬ諸々の竜神に命じて、海水を口に銜《ふく》んで持ちきたらしめ給うた。

諸々の竜神は命を奉じて、海水を国祖の許《もと》に持ちきたつた。国祖はその水を手に受けて、やがてそれを口に呑み、天に向つて息吹をフーと吹き放たれた。すると天上には色の濃い雲や淡い雲や、その他種々雑多の雲が起つてきた。たちまち雲からサツと地上に雨が降りはじめた。この使神《つかひがみ》であつた竜神は無数にあつたが、国祖はこれを総称して雨の神と名付けたまうた。

ところが雨が降りすぎてもかへつて困るといふので、これを調和するために、大国常立尊は御身体一杯に暑いほど太陽の熱をお吸ひになつた。さうして御自分の御身体の各部より熱を放射したまうた。その放射された熱はたちまち無数の竜体と変じて、天に向つて昇騰していつた。国祖はこれに火竜神《くわりゆうじん》といふ名称をお付けになつた。（筆に書いては短いが大国常立尊がここまで天地をお造りになるのに数十億年の歳月を要

してゐる）

尊《みこと》はかくの如くにして人類を始め、動物、植物等をお創造り遊ばされて、人間には日の大神《おほかみ》と、月の大神の霊魂を賦与せられて、肉体は国常立尊の主宰として、神の御意志を実行する機関となし給うた。これが人生の目的である。神示に『神は万物普遍の霊にして人は天地経綸《てんちけいりん》の大司宰なり』とあるも、この理に由《よ》るのである。

しかるに星移り年をかさぬるにしたがつて、人智は乱れ、情は拗《ねじ》け、意《こころ》は曲りて、人間は次第に私欲を擅《ほしいまま》にするやうになり、ここに弱肉強食、生存競争の端はひらかれ、せつかく神が御苦心の結果、創造遊ばされた善美のこの地上もまた、もとの泥海に復《かへ》さねばならぬやうな傾向ができた。

しかるに地の一方では、天地間に残滓《かす》のやうに残つてゐた邪気は、凝《こ》つて悪竜《あくりゅう》、悪《あく》蛇《じゃ》、悪狐《あくこ》を発生し、あるひは邪鬼《じゃき》となり、妖魅《えうみ》となつて、我侭放肆《わがままはうし》な人間の身魂に憑依し、世の中を悪化して、邪霊の世界とせむことを企てた。そこで大国常立大神は非常に憤りたまうて、深い吐息をおはきになつた。その太息《といき》から八種《やくさ》の雷神や、荒《あれ》の神がお生れ遊ばしたのである。

それで荒の神の御発動があるのは、大神が地上の人類に警戒を与《あた》へたまふ時である。かうしてしばしば大神は荒の神の御発動によつて、地上の人類を警戒せられたが、人類の大多数は依然として覚醒しない。そこで大神は大いにもどかしがりたまひ伊都《いづ》の雄猛《をたけ》びをせられて、大地に四股《しこ》を踏んで憤《いか》り給うた。そのとき大神の口、鼻、また眼より数多の竜神がお現はれになつた。この竜神を地震の神と申し上げる。国祖の大神の極端に憤りたまうた時に地震の神の御発動があるのである。大神の怒りは私の怒りではなくして、世の中を善美に立替へ立直したいための、大慈悲心の御発現に外ならぬのである。

大国常立尊が天地を修理固成したまうてより、ほとんど十万年の期間は、別に今日のやうに区劃《くくわく》された国家はなかつた。ただ地方地方を限つて、八王といふ国魂の神が配置され、八頭《やつがしら》といふ宰相の神が八王神《やつわうがみ》の下にそれぞれ配置されてゐた。

しかるに世の中はだんだん悪化して、大神の御神慮に叶はぬことばかりが始まり、怨恨《うらみ》、嫉妬《ねたみ》、悲哀《かなしみ》、呪咀《のろい》の声は、天地に一杯に充ちわたることになつた。そこで大国常立大神は再び地上の修理固成を企劃なしたまうて、ある高い山の頂上にお立ちになつて大声を発したまうた。その声は万雷の一時に轟くごとくであつた。大神はなほも足を踏みとどろかして地蹈鞴《ぢだんだ》をお踏みになつた。そのため大地は揺れゆれて、地震の神、荒の神が挙《こぞ》つて御発動になり、地球は一大変態を来して、山河《さんか》はくづれ埋まり、草木《さうもく》は倒れ伏し、地上の蒼生はほとんど全く淪亡《ほろび》るまでに立ちいたつた。その時の雄健びによつて、大地の一部が陥落して、現今の阿弗利加《アフリカ》の一部と、南北亜米利加《アメリカ》の大陸が現出した。それと同時に太平洋もでき上り、その真中に竜形の島が形造られた。これが現代の日本の地である。それまでは今の日本海はなく支那も朝鮮も、日本に陸地で連続してゐた。この時まで現代の日本の南方、太平洋面にはまだ数百里の大陸がつづいてゐたが、この地球の大変動によつて、その中心の最も地盤の鞏固《きようこ》なる部分が、竜の形をして取り残されたのである。

　この日本国土の形状をなしてゐる竜の形は、元の大国常立尊が、竜体を現じて地上の泥海を造り固めてゐられた時のお姿同様であつて、その長さも、幅も、寸法において何ら変りはない。それゆゑ日本国は、地球の艮《うしとら》に位置して神聖犯すべからざる土地なのである。もと黄金《きん》の円柱が、宇宙の真中に立つてゐた位置も日本国であつたが、それが、東北から、西南に向けて倒れた。この島を自転倒嶋《おのころじま》といふのは、自ら転げてできた島といふ意味である。

この島が四方に海を環《めぐ》らしたのは、神聖なる神の御息み所とするためなのである。さうしてこの日本の土地全体は、すべて大神の御肉体である。ここにおいて自転倒嶋と、他の国土とを区別し、立別けておかれた。

それから大神は天の太陽、太陰と向はせられ、陽気と陰気とを吸ひこみたまうて、息吹の狭霧《さぎり》を吐きだしたまうた。この狭霧より現はれたまへる神が稚姫君命《わかひめぎみのみこと》である。

このたびの地変によつて、地上の蒼生はほとんど全滅して、そのさまあたかもノアの洪水当時に彷彿たるものであつた。そこで大神は、諸々の神々および人間をお生みになる必要を生じたまひ、まづ稚姫君命は、天稚彦《あめのわかひこ》といふ夫神《をつとがみ》をおもちになり、真道《まみち》知彦《しるひこ》、青森知木彦《あをもりしきひこ》、天地要彦《あめつちかなめひこ》、常世姫《とこよひめ》、黄金竜姫《こがねたつひめ》、合陀琉姫《あふだるひめ》、要耶麻姫《かなやまひめ》、言解姫《こととときひめ》の三男五女の神人《かみがみ》をお生みになつた。この天稚彦といふのは、古事記にある天若彦《あまわかひこ》とは全然別の神である。かくのごとく地上に地変を起さねばならぬやうになつたのは、要するに天において天上の政治《まつりごと》が乱れ、それと同じ形に、地上に紛乱状態が現はれ来つたからである。天にある事はかならず地に映り、天が乱れると地も乱れ、地が乱れると、天も同様に乱れてくるものである。そこで大神は天上を修理固成すべく稚姫君命を生みたまうて天にお昇《のぼ》せになり、地は御自身に幽界を主宰し、現界の主宰を須佐之男命《すさのをのみこと》に御委任になつた」（『霊界物語』第一巻第三篇第二一章）

……………………

霊止《ひと》と龍が新しい地球を創造していく時代

ここに記されているように、龍というのは決して架空の生き物ではありません。昔から、龍の姿を見て、彼らの雄々しさに魅了された人も少なくないはずです。龍たちは、天候気象を司り、地球の修理固成のための働きをしているのです。

そして何よりも、この日本列島自体がすばらしい龍体だということ。

しかしながら、今、国中がコンクリートで埋め尽くされてしまったため、大地の龍が呼吸できずに苦しんでいます。

ここで、過去、私が眠れる龍神を起こすために成してきた、ご神業の事例をあげておきます。まずは、石川県の白山神社でのご神業から。

これは前著でも触れましたが、龍と人間の関係を知るうえでとても重要なことなので、再度お話ししたいと思います。

白山神社は、霊峰白山を御神体とする全国白山神社の総本宮ですが、白山は古代ユダヤの末裔《まつえい》とみられる秦氏によって開かれたと言われています。

私は、時の中央政権によって封印・抹殺されていた白山王朝（縄文系王朝）の御祭神（産土神《うぶすなかみ》）を復活させるための業を、鶴来《つるぎ》の加賀一宮において行いました。

なぜ、そんな業をしたのか？

それは、今のほとんどの神社は古代イスラエルの渡来人（ユダヤ系秦氏など）によって渡来系の人格神が奉られていて、日本古来の産土神や土着の龍が封印されているからです。

その証拠に、白山神社の燈籠には伊勢神宮の外宮と同じ菊の紋（ユダヤ十二支族のうち日本に渡来した一支族の紋）が刻まれ、神文は六角の亀甲の形を七五三に配した三つ子持ちの中に瓜の花を描いたもので、いわゆるダビデの紋章（六芒星）をアレンジした形です。

したがって、このような渡来系の人格神を奉っている神社の封印を解くことは、スの神

（本当の宇宙創造神＝ＣＯＵ）の顕現を促すための裏神業、いわば地ならし的なものです。

そこで、私が何をしているかと言えば、当地で苦しんでいる未成仏霊をあの世に送るとともに、眠っている龍を起こし、開放してあげることです。

ではまず、105ページにあるいちばん上の写真をご覧ください。これは、ある白山系の神社の封印を解きに行った時の写真です。

見ておわかりのように、左側の神社の屋根に影が二つ、くっきりと写っています。これは、白山比咩大神《しらやまひめのおおかみ》（菊理媛《くくりひめ》）とイザナミの神《かみ》です。実は、その隣にもう一つ影があるのですが、それはイザナギになります。

私がご神業をしてから数カ月後、奇しくも台風の直撃を受けて神社の大木が倒れ、屋根の一部が破壊されました（中央の写真）。いちばん下の写真は、そのときのもようが地元の新聞に掲載された記事（写真）です。

これらを見比べていただければおわかりのように、ご神業時に屋根に写っていた影、まさにその場所が大きく破壊されているのがわかります。

長年封じ込められていた龍がやっと開放され、勢いよく、天高く飛翔して行ったであろ

（上）ある白山神社での業。左の屋根にご神木の影が２体写っている。真ん中の狛犬のところにいるのは著者。
（中）ご神業から数カ月後、台風の直撃を受け影のあった部分が崩壊。
（下）それを伝える『北國新聞』。

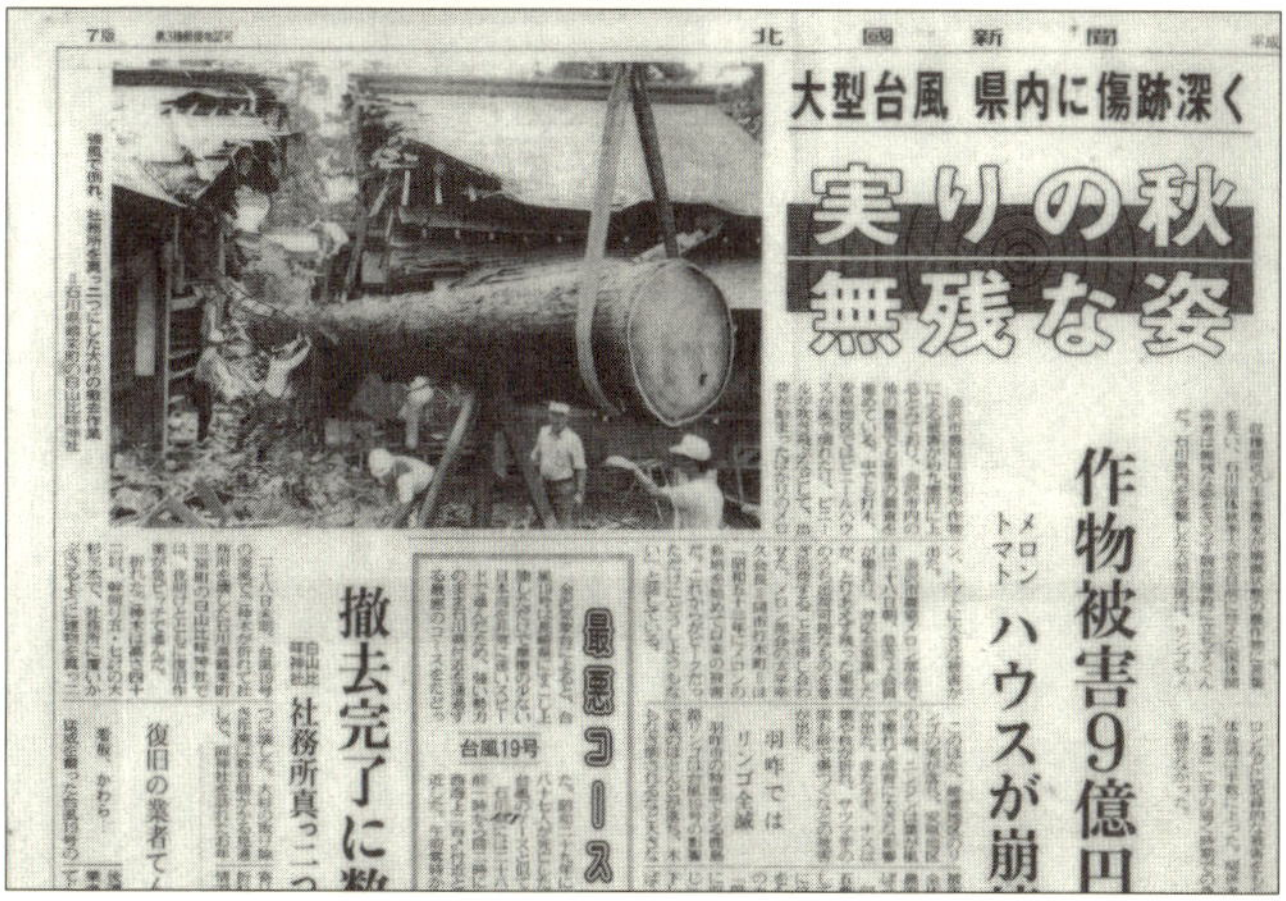

北國新聞

大型台風 県内に傷跡深く

実りの秋 無残な姿

作物被害9億円

メロン トマト

ハウスが崩

羽咋では リンゴ全滅

最悪コース

台風19号

撤去完了に数

白山比咩神社 社務所真っ二つ

復旧の業者てん

うその足跡。

こうした現象は、明らかな一つの「型」であり、このご神業によって白山王朝のエネルギーが表に現われたことを意味しています。

諫早湾の龍が苦しんでいる！

次は、諫早湾でのご神業です。

これについては、このとき同行してもらった一般社団法人・全国心理技能振興会の理事長を務められている近藤ひかるさんにレポートを書いていただきましたので、そのまま掲載させてもらいます。

ご神業がどのようなものか、その一端がおわかりいただけると思います。


…………

諫早湾の龍を助けに行く

「諫早湾の龍が苦しんでるから、助けに行く」

初めて櫻井さんからそう言われたときは、とても驚きました。

古神道の世界では、古くから日本列島を龍体の姿として捉え、九州が頭部で本州が胴体、そして世界の雛形であるという考え方がありますが、諫早湾は龍の前頭頂の一部であり、とても要所だということがわかります。

そして、その列島の細部の河川や山脈にも、それぞれの龍が住まい、雛形のようなミクロコスモスを作っていると言われています。

諫早湾干拓事業によって、日本最大の豊かな干潟が消滅してしまったことは、とても嘆かわしいことでもありましたが、櫻井さんのメッセージを受けて、そのような超自然的側面から見ても、実に痛ましい出来事だったのかも知れないと思い至りました。

そして私は、縁を感じたままに4名の方にお声掛けし、再び櫻井さんのお供をすることになったのです。

以前、沖縄での活動に参加させていただいた際、約一カ月以上にわたって咳が止まらず、大変な思いをしたことがありました。あまりに苦しくて病院に行きましたが、これといった原因は告げられず、後にそれが霊障《れいしょう》の一種だったと知らされることになったのです。

それ以来、霊的な活動を行う際は、固く気を引き締めることが大切だと学び、その時も健康に留意しつつ、日々気を張って当日を待ちました。

旅の数日前、私は外出先で、普段からあまり読まない新聞を、何気なく手に取りました。そこには、『島原の乱の舞台となった原城の発掘調査が進み、多くの人骨が出土した』と記されていました。

実は、櫻井さんのご活動の中には、戦乱などで亡くなった多くの魂を成仏させるというものがあります。そして、今回の旅のもう一つの目的は、この原城へ向かい、ここで亡くなった数万の魂の成仏を手助けするというものだったのです。

その矢先の、偶然目にした「原城」の記事に、私は戦慄を覚えました。島原の魂が、まるで自分たちを呼んでいるようにさえ感じたからです。

当日、長崎空港からレンタカーに乗り込み、準備を整えて日暮れを待ちました。成仏の業は、深夜に行われます。途中、ご供養に用いる線香やロウソク、食べ物やお酒などを買い揃えているとき、急に風が吹いてきました。

とても生暖かく、嵐の前触れを感じさせるような不思議な風で、皆で顔を見合わせたことを今でもはっきりと覚えています。

原城跡は、国指定史跡で、自然の要害のような海を臨む山城です。そこを最後の決戦地とした島原の乱は、日本史上最大の一揆であり、キリシタンと重税に苦しむ農民たちが決起したという内乱ですが、その総大将が16歳の天草四郎というカリスマ少年だったこともあり、いくつもの映画や小説のモチーフにもなっています。

この戦乱では、女性と子どもを含めた一揆軍３万７千と、それに対して幕府討伐軍側の数千に及ぶ死者が出ていると伝えられています。一揆軍の死体は、討ち取った首の数を量増しするために頭を二つに断ち割られていたり、あるいは蘇りを恐れて石垣の石で押し潰してあったりと、ほとんどが原型を留めていませんでした。その遺体の周囲からは、十字架やロザリオなども発見されたそうです。

彼らは、長期戦で食料も底をつき、押し寄せる数万の軍勢にも屈せず、火縄銃の鉛の玉を加工して十字架を作り、神を称え、ここで最後まで戦ったのです。

そんな想いが宿っているいわくつきの場所だと思うと、ただでさえ身震いがしてきます。人気の無い深夜、空には雲が厚く立ちこめ、生暖かい風は吹き続けていました。供養のために建てられた〝ほねかみ地蔵〟という不気味な地蔵に出迎えられ、しかも、新聞にあったとおり、人骨が出土したばかりで、ブルーシートがあちこちに張られています。

櫻井さんの指示のもと、業の準備が整えられると、これも櫻井さんが発明した円盤型のセラミック製の「お目出陶《めでとう》」の出番となります。これは、実に不思議な製品で、食べ物の味が変化したり、機械などの性能が上がったり、体の不調など緩和されるばかりでなく、憑依や霊障などから身を守り、浮遊する霊を光によって成仏させるものだと伺っていました。

偉大な力添えを感じずにはいられない出来事

やがて、ポツリポツリと小雨がぱらつき始めるなか、全員がそれを持ち、櫻井さんに倣ってメビウスの輪の運動をしながら「成仏、成仏」と唱えるのです。

その時の櫻井さんの神妙な雰囲気を言葉で言い表すことはなかなか難しく、一見、いつも通りの様でもありながら、油断なく集中を保っておられるようでした。その目は、どこか厳《おごそ》かで慈悲深く、我われが見ることのできない何かを見つめ、声なき声を聴き、その思いを感じ取っているようなご様子です。

業は数時間を要しますが、途中で、思ってもいない事件が起きました。

深夜の山中にも関わらず、一台の自動車が坂を登ってきたかと思うと、我われのそばでスピードを緩《ゆる》め、すぐに走り去っていきました。地元の人かもしれませんが、我われの姿は、さぞかし怪しく、そして不気味であったでしょう。

それから数十分後、また一台の車が坂を登ってくるのが見えました。それはなんと、パトカーでした。

見回りなのか、それとも先のドライバーが通報したのか。どちらにせよ、非常にまずい事態です。人骨発掘中の国指定史跡で、深夜に大人5~6名が集まって何事かを行っている。それだけでも、十分怪しいのですが、こともあろうに、その時はちょうど祭壇の供物を紙などと共にお焚き上げしている最中で、闇夜を赤々と染める火柱が3メートルほども天高く昇っていたのです。

…………………………………………………………………………………………

私は青ざめました。もはや職務質問は免れようがありません。あるいは、もっと厄介なことになる可能性もあります。とっさに警官に何と弁解しようかと考えました。慌てて、櫻井さんに「パトカーですよ！　まずいです！」と呼びかけますが、しかし櫻井さんは平然として、「なーにが。何も悪いことしてないだろう。供養してるんだから、礼を言われるくらいのもんだ」と仰るのです。

この時ばかりは、あまりの楽観さに「は…はぁ……」と、返す言葉もありません。そして、近づいてくるパトカーに向かって、堂々と仁王立ちで、「成仏！　成仏！」と、お目出陶を振っておられるのです。

「ああ…、なんてことを……」私にしてみれば、まるで挑発のようで、思わず冷汗ものでした。『これは、明日の新聞にでも載ってしまうのではなかろうか……』といったあきらめしかありません。

しかし、信じられないことが起ったのです。

そのパトカーは、なんと櫻井さんの前で少しだけスピードを緩めただけで、そのまま走り去ってしまったのです。

『もしかすると、援軍でも呼んでくるんじゃなかろうか？』と心配していましたが、そのまま二度と戻っては来ませんでした。

「だから言っただろう。平気だって」と笑って仰る櫻井さんに、偉大な守護の力添えを感じずにはいられませんでした。今でも、本当に信じられない出来事です。

櫻井さんのお供をさせていただくと、いつもこのような奇跡のようなことが何度も起こるのです。

いよいよ終盤に差し掛かる頃、「ほら、見てごらん」と空を指されたのですが、なんと、今まで小雨混じりでどんよりと空を覆っていた雲に、城の真上だけ、まあるく穴が空いているのです。そこからぼんやりと月光が差し込み、偶然というにはあまりに神秘的な情景が広がりました。

「あそこから上がって行くんだよ」の言葉に、私は絶句してしまいました。

あそこから、歴史に翻弄された天草四郎たち数万の一揆軍の魂が、それぞれの向かう場所へと帰っていくのかと思うと、ただただ手を合わせたい気持ちでした。

その他にも、お供えしたお下がりをいただくと、何を食べても味が薄くなっていたり、まるで気が抜けたようになっていて、何を食べても味気なくなっており、日本酒のアルコールも抜けていました。それも、霊たちが食べたからだということでした。

人類の歴史は、戦いの歴史でもありますが、そういった場所に櫻井さんは一人でもおもむかれ、志半ばで散った命や、非業の死を遂げられた多くの命に接してこられたのです。なかには、一夜にして数千数万という魂と対峙しなければならないケースもあり、その時は命を賭しての大仕事になるそうです。

成仏の業が終わった後の原城は、確かに見違えるような雰囲気に感じました。

落城の際に生き延び、当地で亡くなった一揆軍を弔う

原城を後にした私たちでしたが、その後、櫻井さんが城下にある小さな漁村のほうへ進むようにと仰いました。その道はどんどん狭くなっていき、やがて、車一台がギリギリ通れるような入り組んだ路地に入りました。

それでも「そこを入ってみて」と、先へ促す櫻井さんに、『この先に、いったい何があるのだろう?』と、不思議でたまりませんでした。そして、行き止まりとなった

……………………………………………………………………………………


場所に、なんと、ひっそりと小さな神社が建っていました。

「落城の際、生き延びた一揆軍がここで死んでいる」

私は、櫻井さんのその言葉に神懸かったものを感じずにはいられませんでした。櫻井さんは、こういう時は徹底して行動されるのです。残っていた品で供養を行い、何度も成仏を祈りながら、私たちは万感胸に迫るものを感じていました。

夜通しで疲れきった私たちは、その晩はぐっすりと眠り、翌日を迎えました。

そして、朝から諫早湾に向かったのですが、なぜか頼りのカーナビゲーションが途中から狂ってしまうというハプニングに見舞われました。道路の標識もわかりづらく、道行く人に案内してもらっても、どういうわけか目的地に到着できないのです。

確かに、有明海は複雑に入り組んだ地形で、その先端の小さく窪んだ海域が諫早湾なのですが、ニュースでもたびたび映し出される、かの有名な干拓事業の排水門です。すぐに見つかるはずと思っていたのですが、一向にたどり着けず、そのまま何時間かが過ぎてしまいました。やがて、後部座席の櫻井さんが「このままもう少し走ってみて、着かないようだったら今回は止めよう」と仰いました。その時の語気はいつになく強く、自分としては、それだけは絶対に避けたいという気持ちが高まりました。

天に望まれていないのか、それとも何者かに邪魔されているのか……。

しかし、せっかくここまで来たのです。このまま櫻井さんを帰らせてしまっては、諫早の龍に申し訳が立たない。その一心でした。


その直後、今度はなぜか、あれよあれよという間に諫早湾に到着していました。我われの安堵感をよそに、櫻井さんは車を降りられると、すぐにあちこち歩かれ、そして川岸の作業橋に上がられました。それから、そこで岩笛を吹かれました。

以前にも、伊豆大島で聴かせていただいたことがありますが、その音色はとても清らかで、心が洗われるようです。そして、櫻井さんと裏神業をともにしてきたAさんから預かられた〝宝珠〟を取り出されました。

Aさんも、同様に霊的な能力をお持ちの方で、お二人はこれまでも、様々な活動を共に行ってこられた間柄です。そして宝珠というのは、これも櫻井さんの発明品の一つであり、それぞれの配合で個別の用途があります。

この時のものは、諫早の龍を救い出すという念が込められたもので、使命を帯びた

諫早湾の龍を救うために、岩笛を奏でる著者。

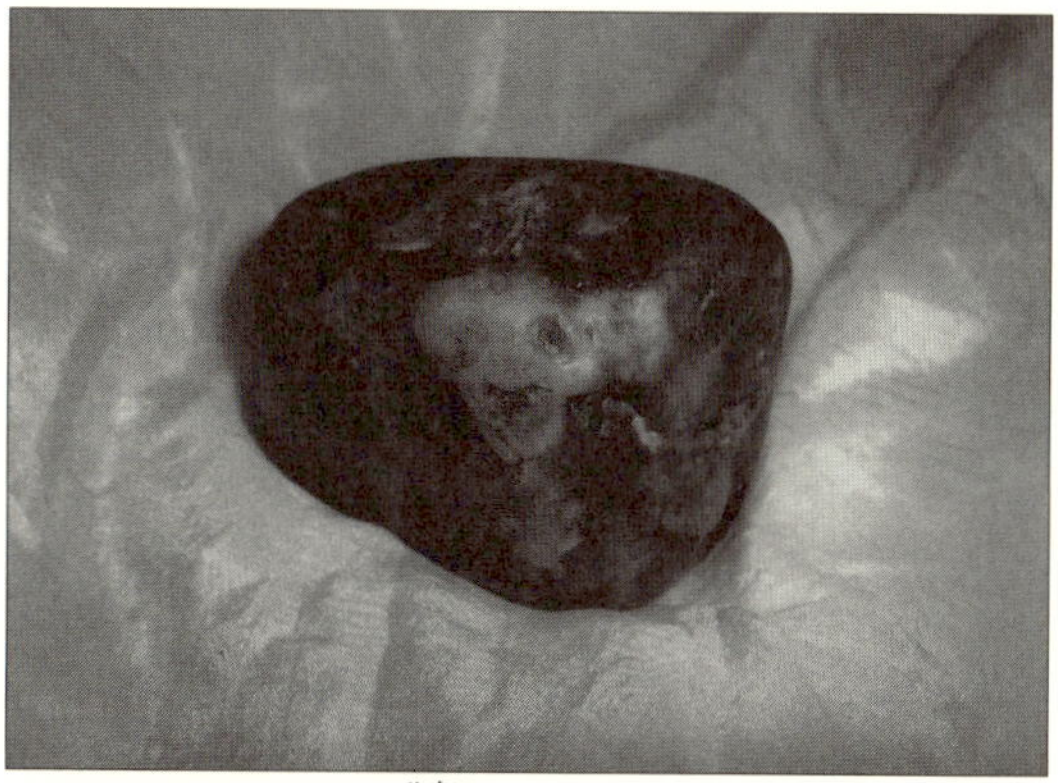

王仁三郎が使用していた翡翠《ひすい》の岩笛。

お二人の奇跡のコラボレーションとも言えます。

やがて、狙いを定めて宝珠を海に投げ込まれて、櫻井さんはしばし海上を見つめておられました。そして、感慨深げに「龍が喜んどる」と。

私たちには、たとえその龍のお姿を拝むことが叶わなくとも、この時の経験は生涯忘れることのできないものとなりました。

ついに龍が動き、排水門が常時開放されることに

旅から戻ってしばらくの間、この余韻に浸っていましたが、そんなある日、櫻井さんから電話が入りました。

「ひかる君。ついに龍が動いたよ！」

２００８年6月27日。佐賀地裁は、諫早の排水門の常時開放を命じたのです。この裁判は、未だに賛成派と反対派の対立が続いていますが、巨大な国家プロジェクトに司法のストップがかかることなど、誰が想像できたでしょうか。それは、我われが諫早から帰った、わずか数カ月後のことでした。

櫻井さんによれば、すぐそばにある雲仙普賢岳の噴火にも意味があるとのお話でした。

この日本を、そして地球を巡る気の流れを、古来から〝龍〟として表現していたという話を読んだことがあります。空気や水が流れることで、澱みや不浄が浄化され、その運動の中で新たなエネルギーが生まれる。海も、川も、大地も、そして私たち人間も、すべては同じなのかもしれません。

呼吸と血液、その気血が全身を流れることで、私たちの生命は維持されています。そして、心や魂のように、本当に大切なものほど人の目には見えないものです。

私は、心理カウンセラーという仕事柄、人の心という目に見えないものに日々向き合っていますが、人間が生み出した科学や文明を信じている一方で、決してそれだけでなく、この世界には人知では計り知れない大切なものがあるということも日々実感しています。

そして、そのような目に見えない大切なものを守り抜くために、役割を与えられたお一人が櫻井さんであり、その使命の大きさと霊力もさることながら、一人の人物としても、非常に尊敬すべき方であると申し上げたいと思います。そして、それこそが何事を成すにも真実の姿なのだと、私は確信しています。

読者の皆さまにおいては、王仁三郎聖師の霊統とか、そういった側面ばかりではなく、櫻井さんの人としての優しさや義理深さ、そしてどんな時でもあきらめない忍耐強さ、熱い使命感と行動力、愛をもって手本を示してくださるという人間的な器の大きさを、ぜひ知っていただきたいと思います。

人それぞれに役割があると同時に、やらなければならないことがあります。櫻井さんに課せられた使命の大きさを思えば、心から頭が下がる思いです。その使命をまっとうするための、たった一人の孤独な戦いこそが、櫻井さんの人生のすべてです。

「これをやるために生まれてきたんだから……」と仰るその瞳に一切の澱みなく、そんな大きな志を抱きつつも、いつも見せてくださる子どものようなキラキラとした笑顔が、私は大好きです。

最後に、櫻井さんには、このような貴重な経験をさせていただきましたことに感謝の念が堪えません。そして、この場をお借りして、こうして読者の皆さまにご紹介させていただける名誉を預かりましたことを、心より御礼申し上げます。

ありがとうございました。

一般社団法人 全国心理技能振興会理事長　近藤ひかる　記す

……………………

ロスチャイルド6世の長女の背後にいたユダヤの龍

日本列島の前頭頂に当たる諫早湾の龍のように、各地の龍たちは、今か今かと出番を待っています。

そして、世の中を悪化させてしまった人類の心の垢《あか》やネガティブなエネルギーを振り払おうと、地中で渦のように激しく動き回り、そのために世界各地で地震が起きている……。

であるならば、私たち一人ひとりが浄化、覚醒することによって、大難を小難に変えられるはずであり、私たちが今、成さなければならないのは、世の立替え・立直しのために、「みろくの世」をつくるために、彼らに思う存分、力を発揮してもらえるような新たな道を示すことです。

実は、前著『出口王仁三郎の遺言』を書いたのも、私の中にそんな思いがあったからです。そして新たに迎えた二〇一二年、まえがきで少しだけ触れたように、まったく思いもよらない形で、ユダヤの龍と出合ったのです。

今年（二〇一二年）三月十二日、私は関西日本サイ科学会の例会に講師として招かれ、「出口王仁三郎の遺言」と題した講演をさせていただきました。

サイ科学会とは、故・関英男氏の意向によって設立された、念力、透視、テレパシー、予知、臨死体験、心霊現象、気功、ＵＦＯ等などの超常現象を真面目に研究する会です。

後日、私の講演会に出席してくださった方から東日本復興支援チャリティーコンサートのお誘いを受けて参加しました。その席で、思いがけずロスチャイルド家の女性にお会いしたのです。

その女性の名は、ソプラノ歌手であるシャーロット・ドゥ・ロスチャイルドさん。彼女は、全世界の金融界に君臨する英国の大富豪ロスチャイルド６世の長女で、国際的に有名なソプラノ歌手として活躍されていて、流暢な日本語も話されます。

私は彼女と同じテーブルになり、彼女に特別な名刺を差し出しました。その名刺は金箔やパワー図形をあしらうなど特殊な加工をしたとても目立つものだったので、彼女は強い関心を示しながら私に向かって“Thank you, sir.”と言ってくれました。

『ユダヤ姫!!』

そのとき私には、彼女の霊的な役割が直感的に把握できました。「この方は日本人との霊的つながりを強めるために使わされている」、そう私には感じられたのです。

彼女の後ろには、とてもきれいな龍の姿がありました（次ページのイラスト参照）。その龍は大きな翼をもち、日本の龍とは色も形も違って見えました。長い間、ユダヤ人を守護してきたヨーロッパ系の龍です。

もちろん、彼女自身は知らないことですが、私はその龍に日本に留まるように諭しました。なぜなら、龍の祖国であるこの日本において、ユダヤの直系と日本人が結合することによって「みろくの世」が開かれる、その使いが龍だからです。

第2章でも少し触れましたが、この世には「五六七」の本当のみろくと、「六六六」の偽《にせ》みろくがあって、大本では、この善と悪の二つのみろくが戦いをくり広げる世の様につ

英国ロスチャイルド6世の長女で有名なソプラノ歌手でもある、シャーロット・ドゥ・ロスチャイルドさん。手を広げて歌うその姿は、まさにユダヤ姫そのもの。

8年ほど前に著者が描いたお金を運ぶ「ユダヤの龍」。この龍はユダヤ姫の後ろにつき、口からは金銀財宝が降り注がれている（カバー袖にカラーの絵があるので、ご参照ください）。

いて、五十年の歴史を通して「型示し」をしてきたのです。

みなさんもご存じかと思いますが、大本の型は「三段の仕組み」となっています。大本の型が日本に移写し、日本の型が世界に移写していく。いろいろな解釈はあるでしょうが、私はまだこの三段目の型が出ていないと思っています。

昭和十年十二月八日に起こった大本弾圧（第二次大本事件）により、大日本帝国が宗教大本を解散させたことを第一の型とすると、昭和十六年十二月八日から始まった太平洋戦争の敗戦によって、日本が米国の占領下になったことが第二の型となります。本来なら、世界に移写すべき第三の型示しがあるはずなのに、まだ出ていません。

ですから、王仁三郎はあえて型出しのために、「六六六」×「五六七」の戦いを仕組んだのではないかと思うのです。

それが、いわゆる「一厘の仕組み」です。

「六六六」が滅びるそのとどめは、おそらくベテルギウスの超新星爆発によってもたらされるでしょう。そのとき、フリーメーソンによってつくられた「金権社会」が崩壊するのです。

それはもちろん、今までの社会システムが崩壊するわけですから、痛みをともなう混乱を招くに違いありません。そしてこれこそが「大峠」ではないか、と思うのです。

起龍観音の姿にこれからの人類の「型」が示されている

ユダヤの龍のように、世界に散らばっていた龍が再び、龍の祖国である日本に集まり出しています。その中でもっとも祖国に帰りたがっていたヨーロッパ系の龍が、ようやくこの地に帰ってきたのです。

日本国内でも、琵琶湖の龍や伊勢湾の龍（補筆の対談参照）、そして二〇一二年五月二十四日の深夜に起こった震度5強の地震により、十和田湖の龍がまさに覚醒しはじめました。

世の立替え・立直しをはかり、みろくの世の扉を開くお役目は、おそらくこういった龍を自在に使う龍神系の人たちが担うでしょう。宇宙神の化身としてのコスモドラゴンが降臨したことによって、霊止《ひと》と龍が、共同で新しい世界、新しい地球を創造していくのです。

それは、「起龍観音」（白衣観音）の姿に現わされています（「龍頭観音」や「騎龍観音」などの呼び名がありますが、私は龍を起こすという意味で、「起龍観音」と呼んでいます）。

神仏の化身と崇められてきた龍神に乗り、三十三の姿に身を変えて人びとを悩みから解放するといわれる白衣観音。その姿こそ、コスモドラゴンのエネルギーを世の立替え・立直しのために使う役割を持った人間のあり方そのものです。

王仁三郎が描いた竜頭観音像（出典『霊界物語』天声社校定版第9巻より）

コスモドラゴンが降臨したことにより、龍体である日本列島がその本来の使命に目覚めようとしています。

現に、日本地図を見ていただければおわかりのように、日本列島は龍の形をしています。北海道と九州、これはいずれも龍の頭であり、尻尾でもあります。すなわち、陰陽の龍ということです。

通常の日本地図（陽の龍）。北海道を頭にすると、九州は尻尾。まさに龍の形をしている。

では、九州を龍の頭として、日本地図を今一度よく見てください。（129ページ参照）ちょうど龍の口からプップッと吐き出しているような島々があります。これが沖縄列島に当たります。昔、沖縄は琉球王国でした。琉球とはつまり、龍の球（龍球）です。

また、沖縄にはユタや神人（カミンチュ）と呼ばれる人が多くいます。その中に九〇パーセント以上の確率で、さまざまなことを言い当てた神人がいます。彼女はあまりにも的中させるので、ある意味、恐い人でもあります。

私は自分なりに大峠の大難を中難にしたいと願っています。この神人が見る世界は、艮《うしとら》の金神様のように厳しくて恐ろしいものです。それ

九州を頭に、北海道を尻尾にしても、龍体（陰の龍）となる。龍の口から吹き出しているように見えるのが、沖縄列島。ここに日本の未来を開くための大切な鍵がある。

を聞くことがあまりにつらくて、今は彼女と連絡を取らなくなってしまいました。しかし、平和な時代がもし続くのなら、またお会いしたい気持ちでいっぱいです。

こういった霊的能力を持つ人びとが多いのも、沖縄の特徴です。

そんな沖縄が輝くことが、日本を輝かせることにもなる。その龍の球が輝くとき、日本列島がイキイキと躍動することができる――。そこに、大切な鍵があるのではないかと思います。だからこそ、沖縄はたいへん重要で、大切な場所なのです。

太陽系の惑星や星雲の間を飛びまわる、プラチナの龍（絵＝著者）。コスモドラゴンは光よりも動きが速く、この龍のように姿を形にすることは難しい。

第4章

「日出づる国」から「日沈む国」へ

陽極まりて陰に転じ、「月」の時代が始まった

コスモドラゴンの降臨とともに、いよいよ「月」が表に出てきました。

時代の主役が、これまでの太陽＝「日」から「月」へと交代し、両方のエネルギーが統合されるとき……。

かつて、「日出づる国」と名乗っていた日本が、長引く不況や少子化、地震や津波などの自然災害や明確なビジョンを指し示せない政治等々の混乱と閉塞状況の中で、まさに「日沈む国」になってしまったのは、太陽の時代の終焉を現わしています。

いちばん初めに日が昇った国は、いちばん初めに日が沈む――これは自然の摂理です。

しかし、決して否定的な意味ではありません。

ピンチはチャンスであり、時代の主役が交代するということ。

すなわち、陽極まりて陰に転じるとき！

これからの月の時代は、月光のエネルギーによって人びとの意識が覚醒しやすくなり、

なおかつ、人類とコスモドラゴンとの連携によって、地球が今までの三次元から宇宙の五次元に次元上昇することが可能になったということです。

月夜（月の光）には、私たちの意識を覚醒し、宇宙意識とつながるために必要なエネルギーが放出されています。

それを敏感にキャッチできる人たちは、「私とは何者か？」「どこから来てどこへ帰るのか？」「新しい社会、文明はどのように創造されるのか？」といったことについて、体験を通して悟り、それを多くの人たちと共有化しようとし始めています。

前章でご紹介した「THRIVE（スライブ）」もそのような覚醒ムーブメントの一環と言えるでしょう。

とりわけ、龍神と縁が深い人たちは、宇宙の龍神・コスモドラゴンを使って、水瓶座時代の「起龍観音」として霊的覚醒の渦を巻き起こし、日本および世界中の人びとが目覚めるための援助役となります。

コスモドラゴンを使える人の数は、それほど多くはないかもしれません。

しかし、彼らは見えないネットワークでつながりながら、超高周波振動で共振共鳴しているために、地球上において非常に強力な影響を及ぼすことができるのです。

そうなれば、王仁三郎が予言した、宗教を必要としなくなる時代、すなわち「みろくの世」も決して夢ではありません。

月光への感受性が高い人たちやコスモドラゴンと協働できる人たちによって、人類が宇宙意識に目覚める日もそう遠くない。

そういった覚醒のサポートをすることが、聖師・王仁三郎によって玉川龍神、二代様（出口すみ）から大本八大龍王を祀ることを託された櫻井家に生まれ、「喜美夫」という名前までつけていただいた私のお役目なのではないかと思っています。

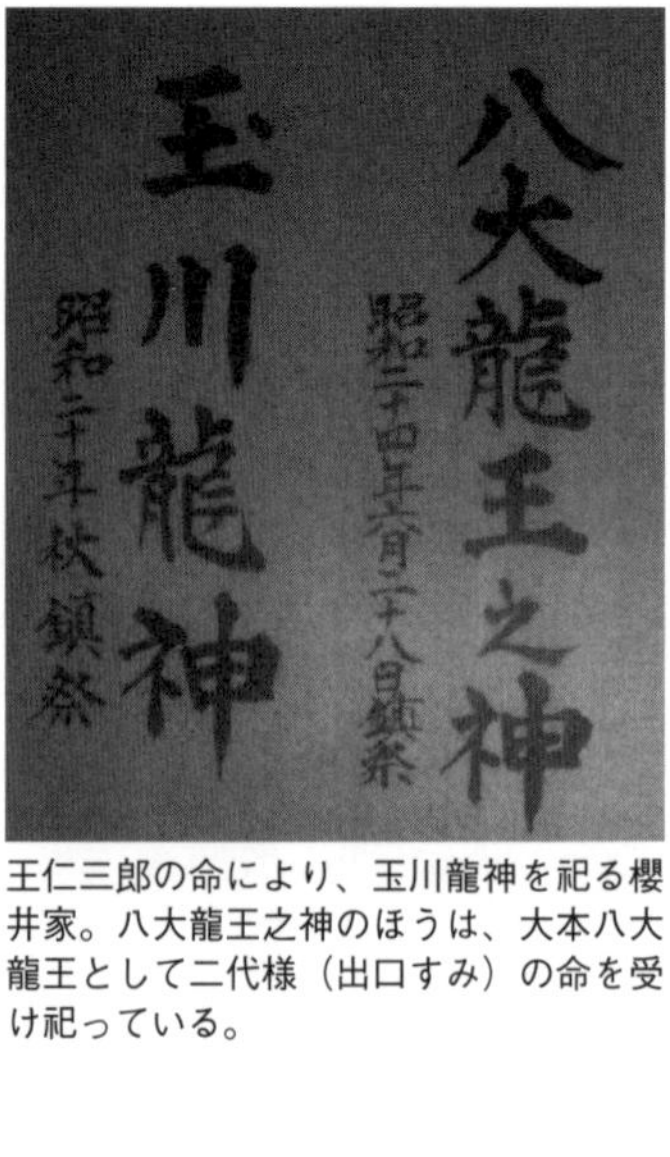

王仁三郎の命により、玉川龍神を祀る櫻井家。八大龍王之神のほうは、大本八大龍王として二代様（出口すみ）の命を受け祀っている。

王仁三郎が霊視した「月」の役割とは？

では、なぜお月様と私たちの意識はつながっているのでしょうか？
その点について、王仁三郎は「月は星を産み出した母体」と言っています。

「今の学者達は何も知つて居ないが、其中でも天文学者が一番物を知らぬ。あの月の面《おも》に見ゆる凹凸面《あふとつめん》について、学者は噴火口の跡だなどと種々の説を主張して居るが何も分つて居ない。あの黒く見えて居るのは星を生み出した穴の跡である。星も人間と同じく生れた時は小さくつても、だんだんと成長するのである。月より大きな星があつても何も不思議は無い。親よりも大きな子が幾何《いくら》でもあるぢやないか、それと同じ道理である。

星のうちではオリオンの三つ星が一番に生れたので、これは月の総領である。星の母が月であつて、父が太陽である。水火《いき》を合せて、つぎつぎに星を生んでいつたので、それで星即ち火水《ほし》と呼ばるるのである。

太陽系に属する星は皆月から生れたのである。故にお月様を母神と云ひ、又ミロク様とも云ふのである。

月は西から出て東に廻り、右から左へと廻る。太陽は左より右に廻るのである。廻ると云うても、太陽と地球は傾斜運動をするだけで、お月様だけが運行して居るのである。月のみに軌道がある訳である。月は三十日で地球を一周し、太陽は一日で一周する。一周と雖《いへど》も、傾斜運動の程度によつて一周する如く見ゆるのである」（『玉鏡』「月は母体」）

また『霊界物語』の中で王仁三郎は、月（太陰）の役割の重要性について、次のように述べています。

「宇宙全体の上に最も重大なる役目を有するのは、太陰即ち月である。太陽の恩恵によつて万物の生成化育し行くことは誰でも知つてゐるが、蔽《おほ》はれたる月の洪大無辺なる恩恵を知る者は殆ど全く無い。

宇宙の万物は、この月の運行に、微妙にしてかつ重大なる関係を有つてゐる。月は二十九日余即ち普通の一月で、中空を一周する。但し、自転的運行をするのではなく、単に同一の姿勢を保つて運行するに過ぎない。大空における月の位置が、たとへば月の三日には甲天《かふてん》に、四日には乙天《おつてん》と順次に変つて行くのは、月が静止してゐるのでなくして西より東に向つて運行してゐる證拠《しようこ》である。

月が我々の眼に見えるのは、第一図の上線を月が運行してゐる場合で、下線を通過してゐる時は全然我々には見えない。月が上線を運行する時は、月読命《つきよみのみこと》の活動であり、下線を運行する時は素盞嗚尊《すさのをのみこと》の活動である。

次に月を眺めて第一に起る疑問は、あの月面の模様である。昔から猿と兎が餅を搗《つ》いてゐるといはれるあの模様は、我々のいはゆる五大洲の影が月面に映つてゐるのである。それ故、いつも同じ模様が見えてゐる。蝕《か》けた月の半面に朧《おぼろ》げな影が見えるのは、月それ自体の影である。つまり月の半面たる火球《くわきう》の部分が見えてゐるからである」（『霊界物語』第四巻第九篇第四七章）

「太陰は特に大空大地の中心即ち中空《ちうくう》に、太陽と同じ容積を有して一定不変の軌道を運行し、天地の水気《すゐき》を調節し、太陽をして酷熱ならしめず、大地をして極寒極暑ならしめざるやう保護の任に当りゐるものなり。

しかして太陰の形は円球をなし、半面は水にして透明体なり。而《しか》てそれ自体の光輝を有し、他の半面は全く火球となりゐるなり。今図《いまづ》を以《もつ》て示せば次の如し。（上の図参照）

太陰は大空大地の中心を西より東に運行するに伴ひ、地汐《ちせき》をしてあるひは水を地球に送らしめ、或は退かしむるが故に満潮干潮の現象自然に起るものなり。神諭に、

『月の大神様はこの世の御先祖様

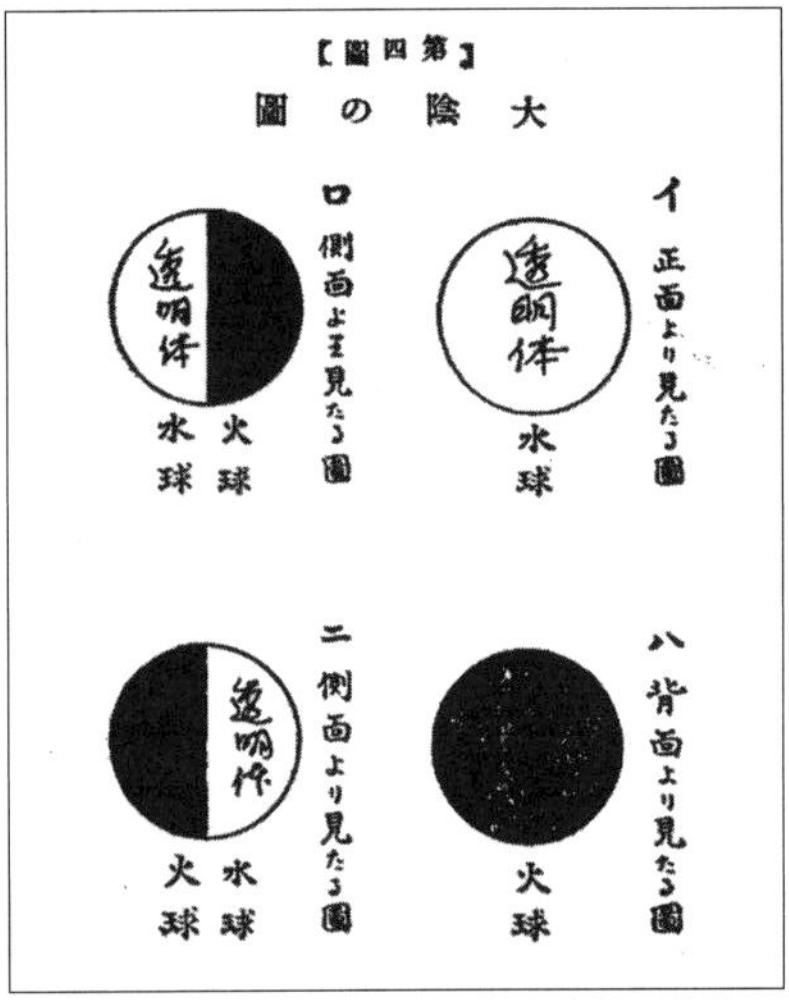

「太陰の図」（『霊界物語』第４巻第９篇第46章より）。

である』

と示しあるは、月が大空と大地の呼吸作用たる火水《いき》を調節するの謂なり。火球は呼気作用を司り、地汐は吸気作用を司る。

『富士と鳴門の仕組が致してある』

といふ神示は、火球の出口は富士山にして、地汐は鳴門を入口として水を地底に注吸しゐることを指示せるものなり。火球及び地汐よりは、なほ人体に幾多の血管神経の交錯せる如く、四方八方に相交錯したる脈絡を以て、地球の表面に通じゐるものなり」（『霊界物語』第四巻第九篇第四六章）

月の光は母なる愛のエネルギー

月は太陽系の母親であり、父親は太陽。母なる月は、「火」と「水」を調節しながら、星々の呼吸を司っている。

ということは、月の光は、子どもである私たち地球の成長を育《はぐく》み、慈しみの目で見守ってくれている無条件の愛のエネルギーだとも言えます。

その慈愛のエネルギー（＝瑞《みず》の御魂《みたま》）を素直に受けとめられる魂（＝愛善）こそが、容易に宇宙の根源神（ＣＯＵ）と響きあうことができるのです。

これまでは、「表」である太陽エネルギー（陽）が中心だったために、人びとの成長には激しさや厳しさが伴いましたが、これからは「裏」だった月エネルギー（陰）が表に出てくる反転の時代。

その意味では、父親に代表される男性原理の競争社会から、母親に代表される女性原理の調和社会に向かって、さまざまな分野の変革が促され、月の優しいエネルギーにより、穏やかに、緩《ゆる》やかにものごとが進んでいくでしょう。

昔から、月と人間の関係には、とても深いつながりがありました。

月の物語と言えば、皆さんよくご存知なのが、かぐや姫が登場する『竹取物語』です。作者不明のこの日本最古の物語は、月からの使者がかぐや姫を迎えに来るシーンで終わりますが、そこにはなぜか私たちの郷愁を誘うものがあります。

さらに興味深いのが、かぐや姫が地球を去った後に、不老不死の薬に関するエピソードがあることです。

月に帰る前、かぐや姫は帝《みかど》（御門）に不老不死の薬を渡します。しかし帝は、「かぐや姫のいない世であれば生きながらえる意味がない」と不老不死の薬を焼いてしまいます。

原作では、その薬を焼いたのが「不死の山」、つまり、富士山のいわれになっているのです。

月から地球に降り立った姫（女神）と日本の帝の悲恋、その結果生まれた富士の山。

この一つのストーリーに、何か示唆的なメッセージが込められていると感じるのは私だけではないでしょう。

癒しや種族存続のために欠かせない月光

月に魅了されてきたのは、もちろん、日本人だけではありません。

古代から中世にかけて「魔女」と呼ばれた人たちも、特別な月のエネルギー（波動）を敏感に察知していたようです。

魔女とは、主に中世にキリスト教会から、「自然信仰を持つ、怪しい妖術を使う女性たち」（男性も含む）という悪い意味で貼られたレッテルですが、その実態は今でいうヒーラーやシャーマンのような存在だったようです。

出産や亡くなった人をケアしたり、鉱物や薬草、月の女神の力を使って人びとの心身の病を癒す術を身につけていた魔女たち。

魔女は、月のリズムやパワーを熟知していて、夜な夜な猫とともに活動していたことから、「怪しい存在」と見なされていたのかもしれません。

月は、太古の時代から万物の豊穣の源とされ、ディアナ、エウリュノメ、アルテミス、ルナ等々の月の女神の名が世界各地に伝えられています。

また、月の光は穀物の豊作、家畜の多産や人間の出産において欠くことのできないもので、太古より、子どもを欲する女性は月光の下で眠り、月が満ちるかのごとくお腹が膨らんで妊娠に至ると信じられていたようです。

古来より伝わる魔術には、血が欠かせないのもそのためで、月が支配する血には奇跡的な力が宿るとされ、一方で崇《あが》められ、一方で恐れられてきたのです。

このように、月は、人びとの癒しや種族存続のために欠くことのできない生命エネルギーの供給源として、シャーマンや魔女たちによってその活用法が伝授されてきました。

月の魔力にまつわる風習は、現代の沖縄にも残っています。

琉球王国時代から最高の聖地とされ、ノロと呼ばれる巫女《みこ》が集う久高島で十二年に一度、午《うま》年に行われる「イザイホー」と呼ばれる祭祀もその一つです。

これは、久高島で生まれ育った三十歳以上の既婚女性が神女（神職者）となるための就任儀礼で、旧暦の十一月十五日満月の夜から四日間続けて行われ、その歴史は六百年以上にもなると言われています。

久高島には、沖縄の人びとの祖先となった男と女の神さまが最初に降臨したという神話が残っていることから、今でも「神の島」と呼ばれていますが、昨年のイザイホーが催されるはずだった日（島の過疎化の影響で、一九七八年から現在に至るまで、実際には行われていない）は、奇しくもコスモドラゴンが降りてきた日にちと重なります。

久高島は、戦前までは定期船も通わない完全に独立した離島で、薬草や果実などが自生していることもあって自給自足の生活ができ、男性は漁に出ると長期間、帰らないことが多く、昔から生活の中心は母親（女性たち）だったそうです。

また、島ではひとが死ぬと、魂は海の彼方にある神々の国、ニライカナイに行き、再び神となって島に帰り、子孫たちを守ると信じられています。

島民にとってのその「神」は、女性の神さまであって、先祖の母神や祖母の霊を指していることから、当地は長い間、母系社会であったことが伺えます。

ここでもやはり、月と母性の関係が見て取れます。

一方、近年、精神世界に関心のある人たちの注目の的になっている京都の鞍馬寺《くらま》も、月と深い関係があるパワースポットです。

鞍馬寺では、毎年五月の満月の時に「五月満月祭（ウエサク祭）」が開かれますが、これは、参加者が夜通し地球の平和をお祈りする聖なる祭りです。

ウエサク祭の起源は、ブッダ（釈尊）の降誕、悟りを開いた日、入滅の日がすべて「インド暦第二月の第一満月の夜であった」という伝承から来ており、現在私たちが使用している太陽暦（グレゴリオ暦）では四月から五月に当たることから、五月の満月にウエサク祭が行われるようになったようです。

前章でお伝えしましたが、本尊である「護法魔王尊《ごほうまおうそん》」は宇宙エネルギーであり、一説には、今から二百五十万年前に金星から鞍馬山に飛来して鎮まったサナート・クマラだとも言われています。

満月の夜は、完成・完了の意味があることから、ウエサク祭において、人びとの祈りのエネルギーを結晶化させる目的があるのかもしれません。

近年は、米国のパワースポットとして知られるシャスタ山でも、シャスタ・ウエサク祭が行われるようになり、毎年その参加規模は大きくなるとともに、さらに東京でも行われるなど、各地に広がりを見せています。

このような動きも、母なる慈愛、愛と調和のエネルギーが人びとの意識に浸透しはじめている証拠と言えるでしょう。

月の魔力と人体への影響

月は、女性性のシンボルでもあります。

女性の多産や月経の周期などは、月の運行と密接に関わっていて、月が表象するものは、水分、直感、情緒、潮の干満、霊的なもの、気分、そして狂気だと言われています。

また、人類は月の満ち欠けによって最初の暦を手にしたことから、月には時間を目に見えるものにする働きもあります。

さらに、新月から満月に向かう期間は、月が徐々に満ちて明るくなっていく期間なので、願望が達成しやすく、そして満月から新月に向かう期間は、月が徐々に欠けてきて暗くなっていく期間なので、浄化やデトックスに適していることが知られています。

とりわけ、月と生殖の不思議な関係については、昔から言い伝えられてきました。

日本でも外国でも満月の期間に、産院は産気づいた人で慌しくなると言われ、昔は満月のことを「産婆さんの提灯」と言っていたそうです。

月や太陽の引力が海に潮汐《ちょうせき》作用を及ぼすことで、海辺の生物がその潮の周期に合わせて交尾や産卵活動をするようになる、ということはよく知られています。

とくに、月の潮汐作用に関して、アメリカの精神科医Ａ・Ｌ・リーバーが書いて一九八四年に日本で翻訳された『月の魔力』（東京書籍刊）には、とても興味深い理論が紹介されています。

著者は、手術や出産、事件・事故などを含むさまざまな事例を集め、統計学的分析によって、月と人間の行動・感情には明らかな関連があることを突きとめたといいます。

それは、月の引力が及ぼす影響で、月はその引力により、満潮・干潮を引き起こします。人間の体内水分は六〇パーセントあることから、同じ潮汐作用が生体内でも起きているのではないか、というものです。

そして、この「生物学的な潮汐」こそ、人間の行動と感情の鍵であり、このリズムを通じて生命体は宇宙と結びついているという「バイオタイド理論」を展開しています。実際に、リーバー博士やその他の研究によって、次のように女性の身体と月の関係がわかってきています。

・月経周期――女性の月経周期の平均は、平均朔望月周期《さくぼうげっしゅうき》（新月から次の新月までの日数）と一致している（平均朔望周期二十九・五三日）。

・平均妊娠期間――人間の平均妊娠期間（二百六十五・八日）は、平均朔望周期の九倍である。

・出産時期と月齢――新月時期および、満月時期には、他の時期に比して出産が増加する（約一割程度）。

さらに、こうした月の引力の影響以外にも、月の光が及ぼす影響も大きく、私は月光そのものに何か根源的な「生殖促進効果」があるのではないかと思います。

人の生殖リズムが一カ月に一度だとして、それが満月のときの月光量に負うところが大きいとすると、私たちの体の中にその光に反応する器官があるはずです。

その可能性の一つとして、脳内の「松果体《しょうかたい》（腺）」という内分泌器官の働きが考えられます。

松果体は、後頭部の二つの大脳半球の奥深くに位置し、ここは第六のチャクラ、第三の目に当たります。電磁波、引力、そして光といった物理量に反応し（月のもたらす物理量すべてに反応する）、生殖腺とも密接に結びついている器官です。

これに関しては、まだまだ研究すべき点は多いのですが、少なくとも原始社会において、満月をピークとする月齢による光量の増減は、ヒトを含めた動物の松果体に今よりもダイレクトにインパクトを与え、生殖活動に影響を及ぼしていたと想像されます。

松果体は、胎児の体の中でいちばん初めに完成され、受胎して三週間経つころにはすでに確認することができるそうです。このことから、母親の胎内において、胎児の松果体はすでに月の影響を受けていると考えられます。

母親が月の光を浴びて松果体に刺激を受けることは、間接的に胎児の松果体にも同じように働き、これが胎内における生体リズム形成に役立っている。それゆえ、胎児は今がどの月齢位相かを体のリズムで知ることができる、と考えられるのです。

また、胎内の羊水は、海水とほぼ同じ成分でできています。海水は言うまでもなく、月の引力に影響を受けています。

今と違って昔は、光と闇の周期がはっきりしていました。それが最も身近な自然の周期であり、これが何十億年と繰り返されてきたので、この明暗の周期は広く生物世界に影響を与えているはずです。

ということは、月の満ち欠けの周期性（潮汐作用）が、母胎環境はもちろん、胎児の生体リズムや光感受性までも規定していると考えるほうが、極めて自然ではないでしょうか。

満月の夜の秘密

月のもたらす物理量すべてに反応する松果体（腺）は、エンドウマメほどの大きさです。脳の中心に位置し、そこから分泌されるメラトニンは、ありとあらゆる動物の細胞と、そして植物細胞にすら含まれるということが近年、知られてきました。

メラトニンは、睡眠・覚醒・摂食・生殖・代謝・生理など生体のほとんどすべての基本的生命現象に影響を及ぼし、約二十四時間を一周期とする概日リズム（サーカディアンリズム）を司っています。

また、この物質は三十億年以上も前の原始的な単細胞藻類にも含まれており、その分子構造はまったく今の生物のものと同じなのです。

動物において、この普遍的なホルモンであるメラトニンは、生物時計ともいわれる生体リズムの調整に関わっているほか、性的な成熟とも密接に関係しています。昼と夜（光と闇）の周期のうち、暗くなる夜間のほうが多量に分泌され、メラトニンの血中レベルが高いと、性的な活動が抑えられ、逆にメラトニンの濃度が低くなると、性的な活動が高まります。

春先に日差しが強くなり、また日が長くなると小鳥はしきりにさえずりだし、猫などもさかりがついて、ニャーニャーと頻繁《ひんぱん》に鳴き声を発します。

実はこれも、日差しが強くなったことを、光の刺激として目や頭蓋骨《ずがいこつ》から松果腺が感知しているからです。昼の時間のほうがだんだんと長くなるとともに、メラトニンの血中レベルが低くなるために、動物の性的活動が盛んになるのです。

光と闇の周期が規則正しく繰り返していた大昔において、毎月一回のある時期は明るい夜がありました。

その夜こそ満月であり、生殖活動が高まるときだったのです。

つまり、満月の期間は明るい夜になるので、この月光が松果腺からのメラトニン分泌を抑え、それが動物に性的活動を高めさせるというわけです。

こうした観点からも、大昔においてひともまた、この期間に生殖活動を集中的に行っていたと考えることができます。

満月の夜と生殖活動が結びついている原因の一つに、こうした「満月の暁のメラトニン抑制説」もあげられると思います。

また、満月の期間にお産が集中するのも、実は月の引力だけではなく、メラトニンによる生殖ホルモン（胎盤ホルモン）などへの、まだ知られていない影響があるのかもしれません。

睡眠の質を左右するメラトニン

メラトニンはまた、自然な眠りの友です。暗闇が目に認知されると、松果腺からメラトニンが分泌され、通常の睡眠サイクルを調節する助けをします。

この闇夜に生成される適度なメラトニンの分泌量が、快適な睡眠を促し、心や体の調節に役立っているわけですが、メラトニンの量は少なすぎても問題が起きてしまうので、注意が必要です。

ひとは年をとるほどメラトニンの分泌量が少なくなるようで、若い人が比較的睡眠に問題がないのはそのためだと考えられています。

メラトニン分泌量が極端に減ってしまうと、睡眠障害が起き、免疫力が落ちて、心身ともに不調をきたしてしまう恐れがあるのです。

一方、快適な睡眠は、免疫力や自然治癒力を高めるだけでなく、生体エネルギーを司っているチャクラの働きとも連動していることから、質のいい睡眠習慣はエネルギーを活性化し、意識の覚醒にもつながります。

王仁三郎は「人間は三時間ねむれば沢山」(『月鏡』「睡眠と食事」)と言っていて、晩年でも毎日わずか三、四時間しか寝ていなかったそうですから、いかに月の光を体内に取り入れ、メラトニンの分泌量のバランスが保たれていたのかがわかります。

また、「それ(三時間)以上睡《ねむ》れば、寝疲れでかへつて睡眠病を惹起する」(前掲書)とも言っていました。

そう考えると、やはり睡眠において大切なのは、どれくらい寝たかという「量(時間)」ではなく、いかによく眠れたかという「質」にあるようです。

しかし、現代において良質な睡眠をとることは難しくなってきています。

その原因の一つに「ジオパシック・ストレス」がありますが、みなさんはご存じでしょうか?

このジオパシック・ストレスとは、地面の下の水脈や断層から放射される波動がひとや動植物に悪影響を及ぼし、健康を損なうものです。

実は以前、睡眠不足が続いて困っているという方の相談を受けたことがありました。よくよくその方のお話を伺っていくうちに、どうやら寝ている場所の下に水脈が流れていることがわかったのです。

磁場に問題があることが判明したので有害な電磁波を取り除く方法はないかと考えていたところ、ふと一つのビジョンが見えたのです。それが「ピラミッド」でした。

私はこれを形にし、その内部には私が持っているテラヘルツ波(第5章詳述)を放射する鉱石を入れました。このエネルギーは、お月様から放射されるエネルギーと同じものです。

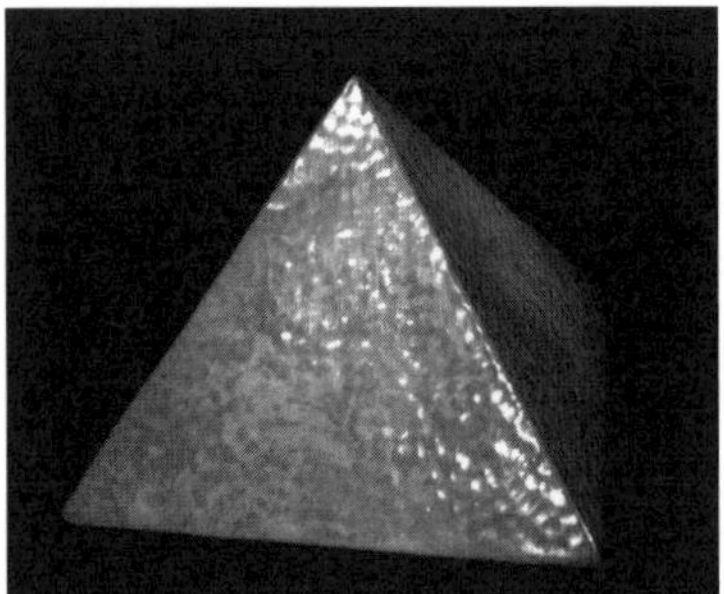

磁場修正に適するテラヘルツ鉱石以外にも、数種類の鉱石を使用している。

そして、完成するとすぐに、その方に差し上げました。

後日お電話をいただき、優しい波動に包まれて、数年ぶりに熟睡できたとのこと。その方の弾んだ声を聴きながら、お役に立てて嬉しかったことを今でも覚えています。

お月様と同じエネルギーを持つテラヘルツ波は、穢《けが》れた水から発生する電磁波を取り除いて、ゼロ磁場空間をつくるだけでなく、月の光を放射し体に与えることもできるので、快眠につながったのではないかと思います。

月の光で水を清めることが「岩戸開き」につながる

このように、私たち人間にとって睡眠は欠かせません。睡眠を通して、夜、私たちの体は再生されるからです。その再生がうまくいくためには、快眠は絶対的に必要であり、それには月光を浴びることが不可欠なのです。

昔の人は、それを体験的に知っていたようで、その証拠が臓器の字に示されています。

「心臓」「肝臓」「腎臓」等々、臓器の字にはなぜ「月」（つき）がつくのでしょうか？

その理由は、太陽の光は背中で浴び、月の光はお腹で浴びるからです。

つまり、昼間起きているときは太陽によって、細胞内での糖と酸素の反応による細胞呼吸を通じて体内にエネルギーのもと（アデノシン三リン酸＝ＡＴＰ）をつくり、夜寝ているときは月光が体内に浸透して、肌や内臓の再生を促しているということです。

インドの伝承医学であるアーユル・ヴェーダでは、薬草オイルで体をマッサージした後に月の光を浴びると最高の美容効果が得られるとされています。月の光は、体内の水に影響を及ぼすことから、薬草成分の浸透をよくしたり、血行やリンパの流れをよくする作用があるからでしょう。

いずれにしても、月光は内なる感性を高め、水の質を浄化・再生させるエネルギーを持っている。だからここ数年、月の光を浴びる「月光浴」が静かなブームになっているのだと思います。

これまでの太陽（陽・男性）中心の生き方では、限界があるからこそ、今まで裏に隠れていた月（陰・女性）が表に出てきたのです。

それは、月の女神（母性や女性性）の復活と、水の浄化・再生を意味しています。

水には「情報を記憶する」という働きがあります。良い情報だけでなく、悪い情報も溜めこんでしまうので、その穢れを祓い清める必要があります。それができるのは、月の光です。

神から「瑞（水）の御魂」であると啓示を受けていた王仁三郎は、「わしは月の神で瑞の御魂だから月と水が恋しい。だから月と水のない所にはよう住まん」（『花いろいろ』より）と述べ、事あるごとに月と水の重要さを説き、その両方をこよなく愛していました。それは自らの雅号を「瑞月《ずいげつ》」としたほどで、「水が汚されると神様に見放される」とまで言っていたのです。

はたして、今、私たちの周りの水はどうなっているでしょうか。

自然環境の悪化によって、汚染が進んでいないでしょうか。

それだけではなく、体内の水は汚れていないでしょうか。

言うまでもなく、私たちの体の六〇パーセントは水でできています。

水は情報を記憶している――もしそうだとするならば、その情報が自然や宇宙と響きあうものかどうかを見直し、穢れて不調和を起こしているなら、それを浄化・再生する必要があります。

そして、「みろくの世」にふさわしい宇宙意識へ転換するためには、松果体を通じて宇宙神（ＣＯＵ）が放つ純白なエネルギーと同じピュアな情報（月光）を受け取り、自分の中に満たして、周囲と分かち合わなくてはなりません。

月の光で内と外の水を清めること――それを意識的に実践することが、宗教や霊能者に依存しない宇宙意識の目覚め、すなわち、一人ひとりの「岩戸開き」になるのです。

第5章
宇宙意識に目覚めるために

宇宙と人体は同じモノでできている

オリオン座ベテルギウスの超新星爆発の機が熟し、コスモドラゴンの降臨によって宇宙神の封印が解け、地球上に降り注がれるようになった無限の慈愛のエネルギー（月光）。この月光の波動に百パーセント共振共鳴できれば、松果体《しょうかたい》が最大限に活性化して、宇宙意識に目覚めやすくなります。

これは、私が宇宙の中心（ＣＯＵ）に入った体験と酷似していますので、ぜひ皆さんも月光を意識的に浴びるようにしてみてください。

月光には、穢《けが》れのない純粋な水と反応しやすい特徴があります。純粋な水というのは、余分な情報が記憶されていない、生命エネルギーに溢れた水のことです。

私は前著で、代々櫻井家が大本のご神体として納めていた「聖なる石」の話をしましたが、その聖なる石からは、テラヘルツ波が大量に放射されています。

このテラヘルツ波とは、「生命光線」とも言われる放射線で、その名は周波数が10の12

乗ヘルツ（1THz）という領域にあることに由来し、一秒間に一兆回振動する高周波数です。

別名「超遠赤外線」と言われ、光のように直進する性質と電波のように透過吸収する電磁波で、透過性が高く、ひとに対しても安全で、水によく吸収されるなどの特徴を持っています。

ネズミを使った実験では、がんの分裂増殖を止めるという結果を出した研究機関もあります。テラヘルツ波を照射することにより、細胞の劣化を防ぎ（＝老化防止）血行を良くすることから、生活習慣病を改善する効果なども期待されています。

DNAが振動するため、医学の領域でも有効であると言われており、また、食品の鮮度を保つ効果もあり、農作物の育成が早くなったり、漁業においては魚が元気よく育つなど、各分野で注目を集めています。

このように、テラヘルツ波は生命エネルギーそのものとも言え、非常に高い波動を持っているのです。

そして月光も同じく、テラヘルツ波を発していることから、この櫻井家に伝わる「聖な

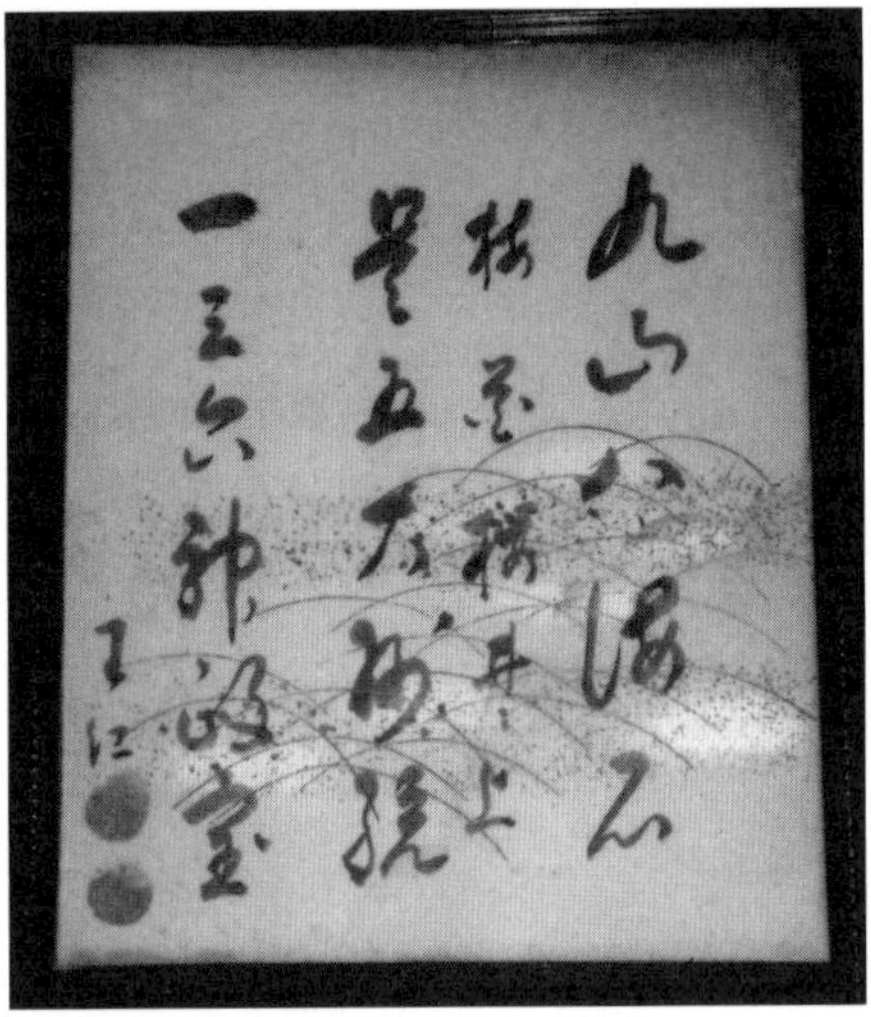

王仁三郎による直筆の書。祖父が聖師に献上した霊石（九山八海石）は「みろく（三六）神誠の宝」だとし、その証明としてこの書をしたため、拇印を押してくださった。

る石」を使って、穢れのない純粋な生命エネルギーにあふれた水がつくれないものかと思っていました。そうすれば、その水を体内に取り入れることで月光との共鳴振動が高まり、より生命力がアップして、宇宙意識に目覚めやすくなると思ったからです。

　これは、宇宙と人体が相似形であることとも関連しています。

　そもそも宇宙と人体は、マクロとミクロというスケールが違うだけで、その構造や機能は基本的に同じものであることが、量子論や最新の宇宙論などによって確認されつつあります。

　この点に関して、王仁三郎は次のように述べています。

「人間の体は小宇宙であるから、森羅万象が皆体内にある。山も川も林も森も、見よ縮図せられたる細胞の美しさを」（『玉鏡』「人の体は小宇宙」）

すべての「モノ」の本体とは？

宇宙と人体が同じ原子でできているならば、どちらも同じモノ＝原子でできていると考えられます。

王仁三郎は、それを「神霊原子《しんれいげんし》」と呼んでいました。

「宇宙間には、神霊原子といふものがある。また単に霊素と言つてもよい、一名火素とも言ふ。火素は万物一切の中に包含されてあり、空中にも沢山に充実してゐる。また体素といふものがあつて単に水素とも云ふ。火素水素相抱擁《あいほうよう》帰一して、精気なるもの宇宙に発生する、火素水素の最も完全に活用を始めて発生したものである。この精気より電子が生れ、電子は発達して宇宙間に電気を発生し、一切の万物活動の原動力

となるのである」（『霊界物語』第四巻第九篇第五〇章）

そして、すでにこのとき、王仁三郎は未来社会におけるフリーエネルギー（クリーンエネルギー）の活用についても言及していました。

「電気なるものは、前述の如く宇宙の霊素、体素より生成したものであるが、その電気の濫用のために、宇宙の霊妙なる精気を費消すればするだけ、反対に邪気を発生せしめて宇宙の精気を抹消し、ために人間その他一切の生物をして軟弱ならしめ、精神的に退化せしめ、邪悪の気宇宙に充つれば満つるほど、空気は濁り悪病発生し害虫が増加する。

されど今日の人間としては、これ以上の発明はまだ出来て居ないから、五六七《みろく》神世出現の過渡時代においては、最も有益にして必要なものとなつて居る。

モ一歩進んで不増不減の霊気を以て電気電話に代へるやうになれば、宇宙に忌はしき邪気の発生を防ぎ、至粋至純の精気に由つて、世界は完全に治まつて来る。この域

に達するにも、今日のやうな浅薄なものを捨て、神霊に目醒めねばならぬ」（前掲書）

この「神霊原子」というのは、宇宙空間に充満しているとされる未知の「ダークマター（暗黒物質）」「ダークエネルギー（暗黒エネルギー）」、あるいは「フリーエネルギー」と言われているものかもしれません。

宇宙は、私たちが知っている陽子や中性子など目に見える（観測されている）物質は全体の約四パーセントに過ぎず、その五〜六倍の九六パーセントはダークマター（暗黒物質）と呼ばれる未知の物質やダークエネルギー（暗黒エネルギー）が占めていると考えられています。

これまで観測に利用されてきたのは、光やX線、赤外線などの電磁波ですが、暗黒物質というのは、電磁波での観測では見ることができないため、正体不明の「暗黒（ダーク）」という呼び名がついているのです。

それらは、超新星爆発によるニュートリノや重力波と呼ばれる、光ではとらえきれない振動とも関連があると考えられています。重力波とは、アインシュタインの一般相対性理論で予言されている、空間の歪みが波のように伝わるものです。

今、アメリカのＬＩＧＯ（重力波観測レーザー干渉計）という大きな重力波を測定する装置が稼働していることから、ニュートリノと同じように、近い将来、その存在が確認されることが期待されています。

いずれにしても、ダークマターやダークエネルギーの正体はまだ分かっておらず、現在知られている素粒子では説明ができないため、新しい理論に基づく、未発見の素粒子が必要となります。

王仁三郎が、「精気」と呼んだのがこうした未知の素粒子やエネルギーだとすれば、「この精気より電子が生れ」、「電子は発達して宇宙間に電気を発生し、一切の万物活動の原動力となる」という表現から、今、確認されている「電子」が、万物を構成している素粒子の最小単位であることを、このときすでに伝えていたことを示しています。

人体は液体情報型の電気システムである

この「電子（e^-）」とは、負の電気素量を持つ素粒子の一つです。すべての電磁現象の源となり、原子核のまわりに分布して原子を構成し、時に粒子のように、あるいは波のようにも振る舞いながら物質の性質を決める重要な要素で、素粒子の中でいちばん軽い質量９・１×10－31kgで安定しています。

原子核も電子も微小レベルで振動（スピン）していることから、すべての物質は振動し、固有の波動を持っています。

要するに私たち生命体も物質も、すべては電子があって初めて成り立っているわけで、この電子の数や状態によって、生命活動が大きく左右されるのです。

なぜ、電子が大きく私たちの生命活動に影響してくるのでしょうか？　それは、人体が液体情報型の電気システムになっているからです。この点について、電気工学者の久保田博南《ひろなみ》氏が、『電気システムとしての人体』（講談社ブルーバックス）の中で、次のように述べています。

「人体には体重の60パーセントの水分があり、そこをくまなく血液が巡っている。それだけではなく、脊髄液《せきずいえき》やリンパ液があり、唾液、胃液、胆汁が出入りして、かつ汗、涙、尿、精液がある。これはどう見ても液体システムなのである」

「人体はこの液体システムをフルに活用した液体活用技能に満ちていて、その活性化と制御化の大半のしくみをイオン化された電解液のバランスで動かしている。組織的な信号伝達も信号制御も、とどのつまりは細胞内外の液体中を出入りする電荷をもった『イオンという電気的なるもの』なのだ」

「人体のシステムは何が特徴的かという質問にまともに答えるなら、それは『統率のとれた稀有な液体制御システム』ということになるのではないだろうか」

その他にも本書の中で久保田氏は、人体が精巧な電気システムである理由をさまざまに述べています。まとめるとこうです。

まず第一に、電気の発生現場は細胞であり、細胞膜の内と外でいつも百ミリボルトの電位差が起こっている。その状態を「分極」と言い、細胞の内側のほうが低いマイナス電位になっていて、何らかの刺激を受けるとプラス電位に反転する（＝「脱分極」）。この脱分極こそが、人体のいろいろな〝神秘〟を受け持っている。

また、細胞の内外は電解液で満たされていて、ふだんはナトリウムイオンとカリウムイオンによって濃度平衡（溶液中で化学反応が見かけ上、起こらなくなった状態の濃度）を保っているが、外から何らかの刺激が加わると、細胞膜の透過特性に変化が起こってナトリウムイオンが突発的に内側に向かって流れていく。

これは実際には、「細胞が興奮した」のであって、つまりは、ナトリウムとカリウムの相互のイオンに濃度変化が起こったということ。このとき、ナトリウムイオンはプラスの電荷を持っているので、それが細胞内に流れ込み、内側の電位はプラス二〇ミリボルトほど上昇する。

この脱分極は〇・三秒ほど続く。この時間はとても重要で、その持続を保つために電解液に溶け込んでいたカルシウムイオンがいっせいに頑張って内部に移動し、内側のプラスを維持するように動く。そのあとに、カリウムイオンが改めて外側に移動し、細胞膜は再び分極状態に戻る。

体内電気システムを良好に作動させるには

結局のところ、私たちの体の電気をつくったり運んだりしているのは、ナトリウムやカリウムやカルシウムのイオンであり、人体はイオンという電気に満たされた電気システムなのです。

神経伝達やミトコンドリア（細胞小器官）のエネルギー産生（ATP）もすべて、電気の流れ（電子の受け渡し＝インパルス）により機能しています。

ATPとは、呼吸による酸化還元反応や、食事から得た糖や脂肪をエネルギーに変換して使用されるアデノシン三リン酸（Adenosine Triphosphate）と呼ばれる分子のことで、体内の「エネルギー通貨」のようなものです。

そして、電気が流れるところには、磁場が発生することから、人間は自分の身体で微弱な電磁場をつくっている。ゆえに、体内電気システムを良好に作動させるには、電子が決め手になる、ということです。

電子が奪われる（放出）ことを「酸化」、電子を獲得することを「還元」と言いますが、人体の酸化が進むと老化につながります。簡単に言うと、体内の電子が不足すると不調や病気になりやすく、電子が多いと健康で生命力が高まるというわけです。

わかりやすい例をあげると、赤ちゃんや若い人ほど体内の電子量が多く、よく年配の人が「若い人と一緒にいるとエネルギーをもらえる」と言うのも、実はそれなりに根拠があります。

例えば、住む人がいなくなって空き家になってしまったとたんに家が朽ち始めるように、電子は、「量が多いところから不足しているところに流れる」からです。

これは、人間の身体（生体）から発生しているマイナス電子が家という物質とやり取りをしながら、相互に生かされているためです。生体は、食物から栄養素だけでなく電子を取り込み、電子は、生体水を媒介として体内に蓄えられると考えられます。

つまり、電子のやり取りとは、電子が豊富なところから不足しているところへ流れることを意味し、その結果生じるのが電気（静電気の正体）というエネルギー。だから、赤ちゃんや子どものように電子の豊富な生体は、イキイキと輝き、周りを明るく照らすことができるのです。

王仁三郎も次のように述べています。

「若い子供と一所に寝ると云ふ事は若返りの一方法であつて、それによつて老人に溌《はつ》溂《らつ》たる元気が出て来るのである。それは若い人の生気を取るからであつて、また若い人の方面から云ふと、有り余つてどんどん出て来る生気、即ち人体電気を老人に取つて貰ふ事によつて、非常に快感を覚えるのである。老人が孫を可愛がつて抱いてねるのも一つはかういふ理由から来るのである。お互ひに気持がよいのだから、祖父母と孫とはどこでも皆仲がよいものである」（『水鏡』「老人と若人」）

この「人体電気」というのは、おそらく電子のことを指しているのでしょう。

一般に、気功が体にいいと言われるのも、人体への電子供給が行われているからかもしれません。

ところで、現代人は、この生命力に直結する電子に関して、大きな問題を抱えています。それは、電子を奪う性質がある「活性酸素」を体内に大量に発生させていることです。

活性酸素は、電子が通常よりも一個不足していて不安定な状態のため、正常細胞から電子を奪い取って安定しようとします。すると、電子を奪われた正常細胞に電子不足が生じ、その連鎖反応によって不調を来たし、老化や病気が進行していくのです。

活性酸素は、呼吸や食べ物、運動、ストレスなどによって過剰に体内に蓄積されます。

呼吸は、酸素を取り入れて二酸化炭素を排出することですが、その命の営みをする際にどうしても生命エネルギー（ＡＴＰ）を必要とします。

ＡＴＰというエネルギーのもとは糖です。その糖を、呼吸で取り入れた酸素を使って分解しながらエネルギーに変えているわけですが、酸素が十分にないと乳酸などの老廃物がたまって生命活動に支障をきたしてしまいます。ですから、人間を含む動物は、呼吸によって必要な酸素を取り込むことでエネルギーを蓄え、生命活動を維持し、走ったり飛んだり、さまざまな活動ができるようになったのです。

しかし、細胞レベルで見ると、酸素をエネルギーに変えるときにどうしても二パーセントほどの活性酸素を作りだし、さらにそのうえに現代社会特有のいろんな酸化ストレスが蓄積されてしまうのです。

化学薬品、農薬、人工添加物、薬、有害電磁波、紫外線、精神的なストレス、放射能等々……。酸化ストレスを与えるものは、現代に溢れています。

また、過剰な活性酸素は、遺伝子に傷をつけてしまいます。

そこで、体内には、遺伝子に異常が起こって病気になるのを防ぐためのいろんな酸化還元酵素（ＳＯＤ）が存在しているのですが、それも酸化ストレスが加わったり、加齢とともに減っていきます。

ＳＯＤが減って活性酸素が溜まると、体は酸化し、老化や病気につながることから、この体内酸化をいかに防ぐかが、私たちが健康に生きていくうえでの永遠のテーマでもあります。

例えば、放射能によってがんが発生して、子どもにまで影響を与えてしまうというのも、放射性物質という酸化ストレスのせいです。遺伝子レベルでやけどを起こしてしまって回復できないまま、がんに至るのです。ですから、できるだけこうした酸化ストレスから身を守る必要があります。

そのためには、王仁三郎の言うところの「人体電気」である電子を多く取り込むことがいちばんの近道になるのではないか――。そう思っているなか、今年に入ってまるで、月の時代を知らせるかのように、あるものが私のもとにやってきたのです。

火を持つ水との出合い

宇宙意識に目覚めるサポートはもちろん、現代人を悩ます酸化ストレスを防ぐエネルギーを持ったものへの思いが、日に日に増していったときに、高濃度の自由電子（1ccにつき3千京個）を閉じ込めることに成功した水（以下、「テラ波動水〈元貴水〉」）を開発された木本健治さん・千代美さんご夫妻と出会うことになりました。

木本さんは、「人間の体にいいお水をつくりたい」という一心で、長年にわたって電子水の研究に携わってきた方で、奥さまの千代美さんは薬学博士です。

テラ波動水（元貴水）ができるいきさつについて、木本さんはこう説明してくれました。

「テラ波動水（元貴水）とは、自然の摂理に従った電子の化学的醸造により作られた、世界初の高濃度電子水です。

1ccの中には、3×10の19乗個という天文学的な数の自由電子が、安定した状態で封じ込められています。しかも、この自由電子は、計算上、279キロカロリーの熱エネルギーを持っていて、水分子にそのエネルギーを与えて活性化します。

この水の原液は、ある物質に水を反応させ、電位を加えることで生み出されました。そもそも地球上に水ができたのは、水素と酸素が燃えたからで、いわば、水は水素と酸素が燃焼してエネルギー（熱）を放出した後の燃えがらです。

この水ができたのは、そこにヒントを得て、もし水を燃える前の水素と酸素に戻し、再び燃やして水にすることができれば、完全なる循環系が成り立つのではないかと考えたんです。

また、電子には体内で発生する活性酸素を還元し、無毒化する作用がありますので、常用することにより還元力を強化し、酸化ストレスを減らすことができます。

さらに、この水からはテラヘルツ波が出ていることもわかったので、このことは水分子を介して自由電子のエネルギーが吸収発光を繰り返していることを示しています。

ガラス瓶に電子を詰め込んだテラ波動水（元貴水）は、数年放置しても劣化することはありませんので、半永久的に電子エネルギーを得ることができます」

高濃度電子水はテラヘルツと同じ光を放っていた

木本さんとお会いした当初、私は直感的に、これは王仁三郎が言っていた「火（光）を持つ水＝火水《かみ》」であるとすぐに理解できました。

そして、テラヘルツ波の測定を勧めたところ、案の定、非常に高い数値が検出されたのです。前述したように、テラヘルツ波は非常に人体にいい光（月光）であり、そしてテラヘルツ波動鉱石キミオライト（詳しくは後述）からも出ている生命光線と同じ光。

テラ波動水との出合いによって、火水――カミ――月光が一つの線でつながったのです。

木本さんが言うように、水の成分である水素を燃料として使用することができるようになれば、炭酸ガスや窒素酸化物、硫黄酸化物などが発生しないので、地球温暖化の防止にもなり、とても地球に優しい新技術です。

また、この水はその名の通り、多量のテラヘルツ波を発していて、還元力が高く、光を放っていることも確認されています。

少し専門的な話になりますが、木本さんによるとその理由はこうです。

図1

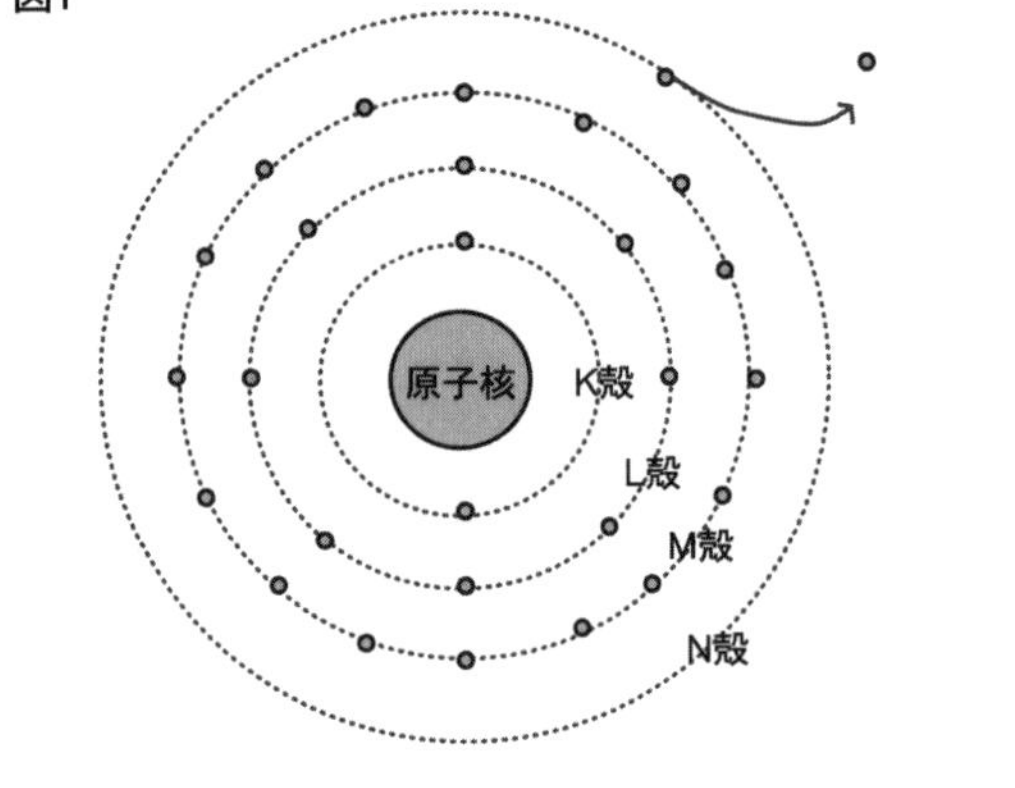

原子核を中心とした電子の図。小さい○は、電子のこと。K殻、L殻、M殻、N殻……と軌道上に電子が存在しており、外側に行くほどエネルギーが高くなる。

・すべての原子は、その中心の「原子核」とさらにその外側のK殻L殻M殻N殻……という軌道上に存在する「電子」とで成り立っている（図1）。軌道は外側に行くほど階段状にエネルギーが高くなってていく。
・テラ波動水の中に含有する自由電子のエネルギーはＭ殻のそれに相当し、計算上２７９キロカロリーの熱エネルギーを有している。
・自由電子は、水分子にエネルギーを与え、次々と高エネルギー状態に引き上げる。
・これを「励起《れいき》」というが、不安定な状態のため、直ちに安定な状態（基底状態という）に戻ろうとする。
・このとき、過剰なエネルギーが光エネルギーとなって放出される。自由電子が豊富に含まれたテラ波動水では、この「励起」と「基底」が絶えず繰り返されているため、絶え間なく光を発していることになる。
・これまでは、目に見えない光のため確認するすべがなかったが、通常の天然水からはほとんど発していない「テラヘルツ光」が検出された。

さらに、もう一つの特徴として、「テラ波動水」は水分子のクラスター（塊）ができず、単分子として働くことがあげられるそうです。その理由をうかがうと次のような理由が考

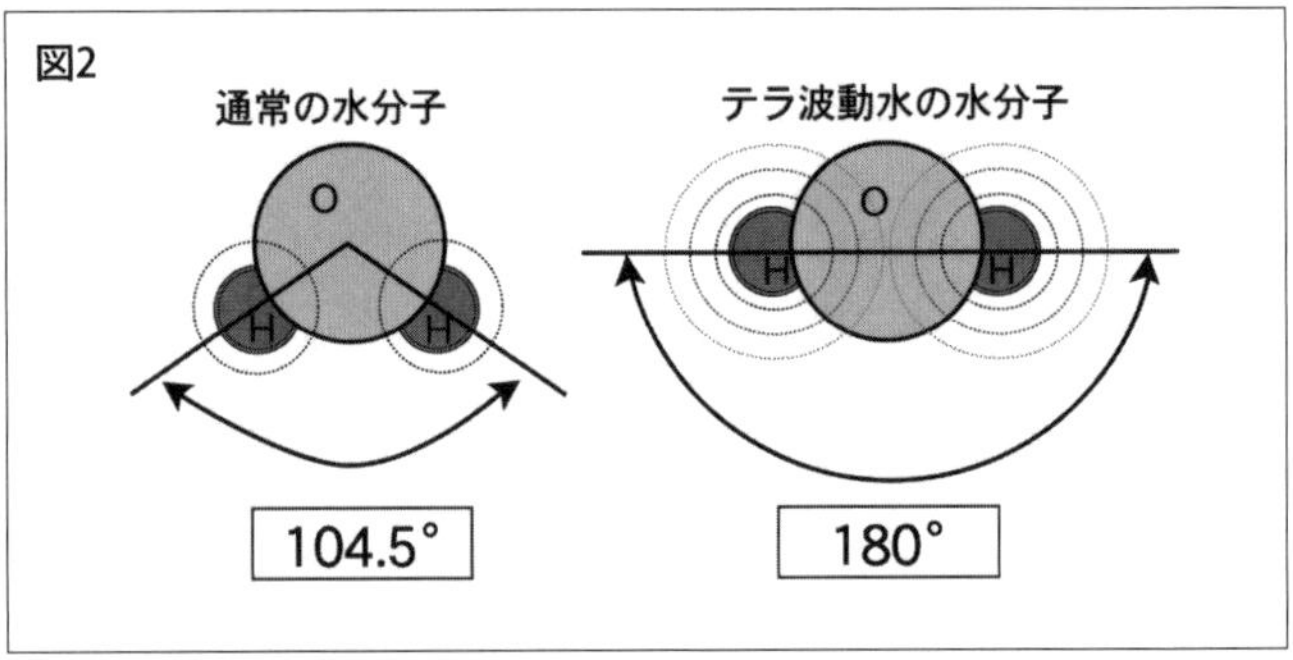

左は通常の水分子。右がテラ波動水の水分子。その結合角度の違いは、一目瞭然。これがクラスターの原因になる。

えられるとのことでした。

・水分子が励起されるということは、水素および酸素の電子殻（軌道）が拡がっていることを示す。このことは、通常のエネルギー状態では、104・5度である酸素と水素の結合角度が、「テラ波動水」の場合、励起状態では180度近くに広がることと理論的に一致する（図2）。

・このように一直線に近い水分子では、エネルギーが高すぎて水素結合が作れない状態、すなわちクラスターが作れないほど活性化されている。

・通常の水分子同士の水素結合のエネルギーは1から7キロカロリーであり、自由電子の持つエネルギー（279キロカロリー）の40分の1以下のため、水素結合は簡単に切れてしまうことは予想に難くない。

・通常の水ならば、水分子同士が水素結合を介してクラスターを形成し、老廃物や水銀、鉛などの有害物を網の目のようになったクラスターのかごの中に閉じ込めてしまう。

・「テラ波動水」の場合は、クラスターを切って（水素結合の切断）単分子化される
ことによって、かごが壊れてバラバラになり、網の目詰まりが取れるように、老廃物や有害物が体外へ出やすい状態を作り出すことができる。その結果、細胞自体の新陳代謝が活性化され、免疫が向上する。

こうやって木本さんの理論をうかがってみると、私が直感的に「火（光）を持つ水」だと理解したテラ波動水は、なんと光だけではなく、本当に火（＝カロリー＝熱エネルギー）を持つ水でもあることがわかったのです。

電子の研究を行っていた楢崎皐月《こうげつ》氏（物理学者で相似象研究家）をはじめとして、タカダイオン式（電位負荷療法）を生み出した高田蒔氏など、かつては大きな機械で電子を流し、人びとを癒していました。それに比べるとこの「テラ波動水」は、すでに水の中に高

濃度の電子が大量に入っているので、希釈して使えばいつでもどこでも手軽に電子を補給でき、とても便利です。

電子水で汚染された川を浄化

木本さんは、各地で汚染された川の浄化実験などもずいぶん前から行っていて、実際にその効果が確認されています。

一例をあげると、電子水の効果を確認するために、平成七年四月～平成十三年三月にかけて千葉県船橋市内海老川水系、準河川である前原川において浄化実験を実行しました。次のページのデータは、平成七年四月～平成十一年三月までの間に行った計五回の実験結果をもとに作成したものです。

また木本さんは、石川県七尾市在住の森山外志夫《もりやまとしお》さん（株式会社御祓川《みそぎがわ》代表取締役会長）からも、テラ波動水を用いた川の浄化の依頼を受け、近々実施される予定です。

森山さんは、街のシンボルでもある、七尾市の中心市街地を東西に分ける御祓川の汚染

千葉県船橋市内海老川水系浄化実験結果
（平成7年4月～平成11年3月）

場所：八千代橋（船橋港に近い下流域にある橋）

BOD（生物化学的酸素要求量）

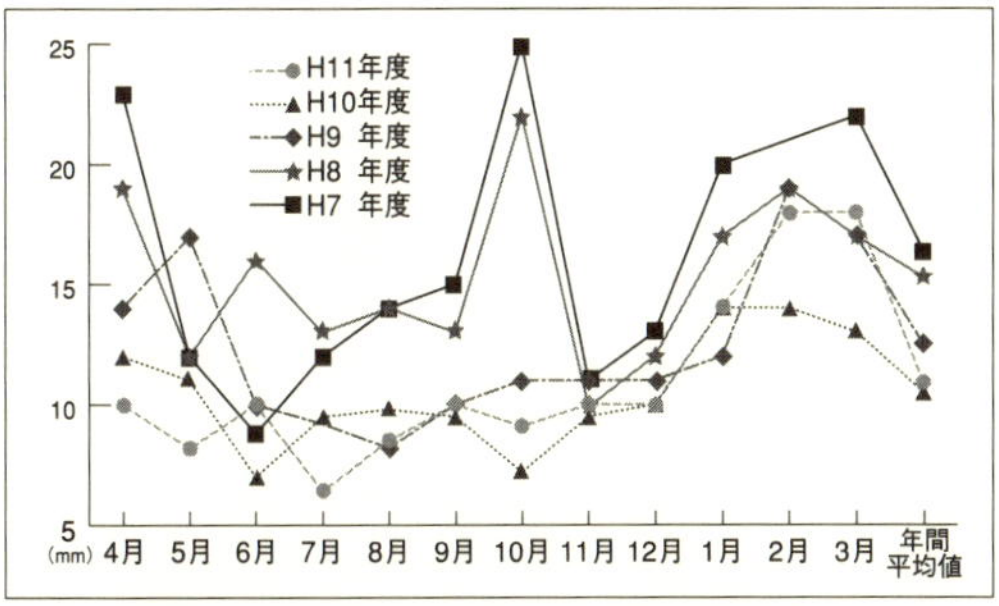

水中の有機性汚濁物資を水性微生物が酸化分解するために必要とする酸素量。この値が大きいほど、汚濁の度合いが激しいことになる。

DO（溶存酸素量）

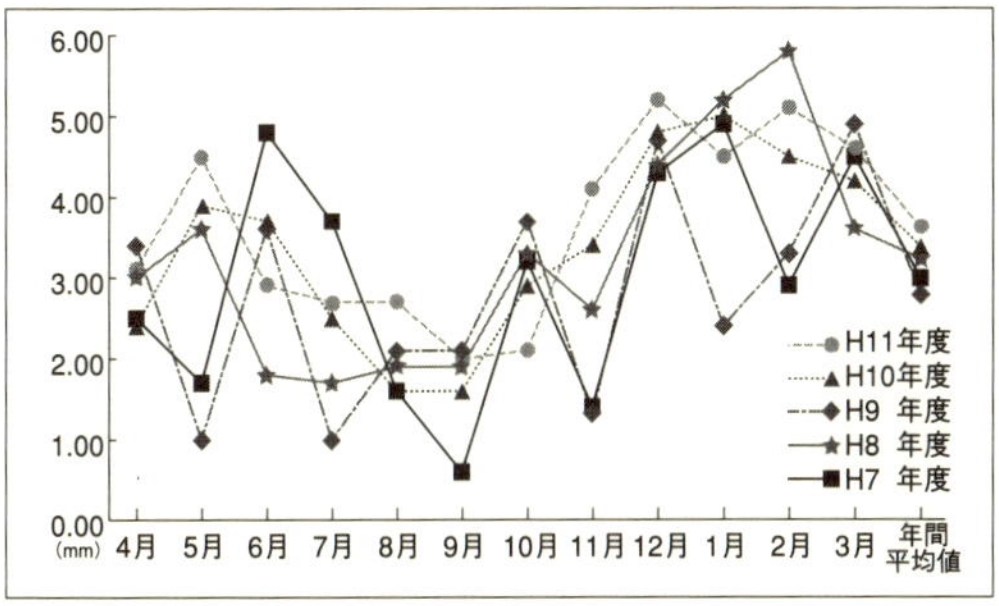

水中に溶けている酸素。水中の魚貝類、微生物は、DOを呼吸しているので、これが減ると死ぬ。

その他にも3種類（COD〈化学的酸素要求量〉、TN〈全窒素〉、TP〈全リン〉）の調査報告がある。

がひどくなっていることに気づき、地元の有志たちで川を守るためのＮＰＯを立ち上げた方です。

その後、平成十一年には、みんなで出資し合って株式会社御祓川を設立。そして、平成十七年度には、市民手作りによる「御祓川方式浄化施設」を完成させました。「まち育て」「みせ育て」「ひと育て」を三本柱に、「小さな世界都市・七尾」の実現に向けて、リーダーシップを発揮してきた森山さんは、「水には魂があると思うんです。自分たちの思いが水に伝わっている」と語り、テラ波動水を使った新たな取り組みに強い期待を寄せています。

このように、「テラ波動水（元貴水）」の用途は多様で、個人の健康増進はもちろん、川の浄化、バイオ、医療、薬品、産業、社会基盤、基礎化学、地球環境の保全などにも役立ちます。

世界トップレベルの波動を持つテラヘルツ鉱石

ここで、私と縁のあった鉱石の一つである「テラヘルツ波動鉱石キミオライト」について、少しご説明します。

前著でもご紹介した、世界トップレベルのテラヘルツ波を永久に放射し続けるテラヘルツ波動鉱石キミオライトは、天然鉱石を混ぜ合わせてできています。

これまで、私はいろいろな霊石や薬石、波動石を使ってさまざまな発明を行ってきました。それらは、非常に高い波動を持つ鉱石で、血流を良くし、病を軽減したり、水を美味しくするなどのホルミシス効果があります。ホルミシスとは、ギリシャ語で「刺激する」という意味で、〇・一ミクロン以下の非常に波長の短い身体にいい放射線です。

前著で明かしたように、こうした聖なる霊石は、代々櫻井家が大本・王仁三郎に納めていたご神体の正体です。

そして、私が宇宙の中心との一体化を経験した二〇一〇年の終わり頃から、さらに目を見張るようなすばらしい鉱石たちが立て続けに集まってくるようになりました。

こういった石を新エネルギー産業株式会社の新納清憲会長にお届けし、テラヘルツ測定器で測定していただいたところ、何とテラヘルツ波を多量に放出している鉱石のベスト10にすべて入ってしまったのです。（この間のいきさつについては、ぜひ前著をご参照ください）

計測器のメーターを振りきってしまうほどのテラヘルツ波のエネルギーを放出している鉱石、そのような高い波動を放つ石が、わずか約一カ月足らずで次々に私のもとにやってきた。このことから、私は改めて自分が成すべき役割を再認識して、その代表的な人工鉱石を「テラヘルツ波動鉱石キミオライト」と名づけ、世直しのために使っていただこうと、まずは実験的に縁ある方々におわけするようにしました。

さらに、今夏までには河川や排水溝を浄化する強力な鉱石「スーパーキミオライト」を今年の六月から入荷してきたゲルマニウム鉱石やもう一つの鉱石、それにテラヘルツ波動鉱石キミオライトを混ぜ合わせ完成する予定です。

また最近では、テラヘルツ波動鉱石キミオライトの粉末を農業改革のために活用されている方もいます。

宮崎市在住の長谷川増夫さんは、この粉末を散布することによって、残留農薬と化学物質を分解できる効果を確認され、特許の申請をされました。（特許申請の発明は、テラヘルツ波を蓄積するために、テラヘルツ鉱石に対して、玄武岩《げんぶ》、安山岩《あんざん》、チタン、ブラックトルマリンの微粉末を適正な比率で配合したテラヘルツ波高放射鉱石粉）

長谷川さんによると、自身が管理・運営している三十七町歩（一町歩＝約一万㎡）の広大な農場に対して、お米や野菜の収穫前にテラヘルツ鉱石の粉末を散布し、その後、農業試験場による残留農薬および化学物資四六八項目に及ぶ検査結果で、すべて「未検出」の結果が得られたとのこと。

こうした驚くべき効果は、自然界、とくに月（新月時が最大）から放出されている非常に微弱なテラヘルツ波がテラヘルツ鉱石の直系三ミクロンの微粉末と共鳴振動を起こし、さらにテラヘルツ波を増幅しているからではないかと考えられます。テラヘルツによって農薬や化学物質が物質変成を伴い、原子転換しているのかもしれません。

結果的には、土壌中の微生物が活性化し、農薬を分解し、土壌環境を豊かにしてくれているのです。そのため、昔のようにタニシやホタルが帰ってきます。

【提出日】	平成２３年１２月２日
【書類名】	特許願
【整理番号】	
【あて先】	特許庁長官　殿
【国際特許分類】	ＣＯ２Ｆ　　１／６８
	ＣＯ２Ｆ　　１／２８
	ＣＯ２Ｆ　　１／３０
【発明者】	
【識別番号】	５０６２５９７８２
【住所又は居所】	京都市伏見区[redacted]
【氏名又は名称】	櫻井　喜美夫

キミオライトの粉末で農薬を分解する用法は現在、特許申請中。

ＢＨＣ	エトキシスルフロン	クロルスフロン
ＤＣＩＰ	エトフェンプロックス	クロルタールジメチル
ＤＤＴ	エトフメセート	クロルデン
ＥＰＮ	エトプロホス	クロルピリホス
ＥＰＣＴ	エトベンザニド	クロルピリホスメチル
Ｓｗｅｐ	エトリジアゾール	クロルフェナピル
ＴＣＭＴＢ	エトリムホス	クロルフェンソン
ＸＭＣ	エポキシコナゾール	クロルフェンピンホス
γ-ＢＨＣ（リンデン）	エマメクチン安息香酸	クロルプロピレート
アクリナトリン	エンドスルファン	クロルプロファム
アザコナゾール	エンドリン	クロルメホス
アザフェニジン	オキサジアゾン	クロロタロニル
アザメチホス	オキサジアゾン	クロロネブ
アシベンゾラル-S-メチル	オキサジクロメホン	クロロベンジレート
アジンホスメチル	オキサベトリニル	サリチオン

キミオライトの粉末を田植えから稲刈りまでの間に2回散布した玄米を残留農薬分析のため、宮崎県総合農業試験場に依頼し、その検査で残留農薬四六八項目すべてに未検出の結果を得られた。

化学薬品や農薬を分解できることから、長谷川さんは、このテラヘルツ鉱石の粉末によって農業改革を進めたいと意気揚々です。

そして、「テラヘルツ波動鉱石ミキオライトの粉末をまいた農地は磁場が整い、作業をしていてもくたびれない。そこで収穫したお米を持って血流測定してみたら、血流が良くなることがわかりました。波動測定器によれば、お米を触っただけで、サラサラの血液になります！」と報告してくれました。

長谷川さんは植物と話ができる方なので、人並み以上に波動の感度がよく、これからの野菜やお米づくりに何が必要なのか敏感に察知し、いろんな場所で指導もされています。

「体にいい農産物を通して人の心を良くしたい」と願う長谷川さん。彼のリーダーシップで農業が変われば、日本の農産物をどんどん海外に輸出することもできるようになるでしょう。（現在、私と長谷川さんで特許申請した「テラヘルツ米」は商品化されています）

これは、王仁三郎が願った「土」の再生につながります。

テラヘルツ波の測定ができるようになったことで、これまでわからなかった謎が科学的に証明されつつある……。その意味で、テラヘルツ波の測定をしてくださった新エネルギー産業株式会社の新納会長は、テラヘルツ鉱石の産みの親であり、長谷川さんは育ての親、お二方には心より感謝し、この情報が皆さまのお役になることを願っています。

なぜ今、「奇跡の水」ができたのか？

「テラ波動水」を世に出すことになったのは、コスモドラゴンの降臨と深い関わりがあり、そこには「型」が示されている――私はそう確信しています。

その一つの「型」は、地球そのものが生命体であり、原発・放射能問題が起こっている今だからこそ、水を清める「火水《かみ》」の素がつくらされたということ。すなわち、ひとと地球の根源的な生命力を復活・再生させ、人類の宇宙意識への目覚めを促すための〝命の水〟（火・水）としての働きです。

『伊都能売神諭《いづのめしんゆ》』では、王仁三郎の昇天後、王仁三郎が「火」を表わす厳《いづ》と「水」を表わす瑞《みず》が結合した「伊都能売《いづのめ》」の御魂として活動すると示されていたことから、それを実現するための受け皿として、大本の外で密かに裏神業が行われていたことは前著で述べた通りです。つまり、この「火」と「水」の御魂が結合したとき、みろく神政の世が始まるということです。

また、王仁三郎は「地球は巨大な人体である。血管は川であり、水は地球の血液である。岩石は骨で、土は肉である」「自分の体と同じように地球を愛するようにならなければ駄目だ、大地は生き物、神の体である」と述べています。

地球を神の体に戻すためには、まず、私たち自身が体内の水を浄化していく必要があります。だからこそ、テラヘルツ波と共鳴振動する高濃度の電子水がもたらされたのだと思います。

電子を補給し、テラヘルツ波との共鳴度が高まれば高まるほど、人体浄化はもちろん、宇宙意識との共鳴も起きやすくなるからです。そして、周囲の荒れ果てた自然環境にも電子を供給することで、地球の腸内環境を整えるべく、善玉菌を増やして、イキイキとした自然へと再生をはかっていく。それによって、必ずや地球全体の命が輝きを取り戻していくことでしょう。

これが、「火水《かみ》」の型としての「テラ波動水」の登場です。

そしてさらに、去年から今年にかけて、宇宙規模の大きな型が現われます。

それは、コスモドラゴンが降臨するきっかけとなった昨年の皆既月食と、今年（二〇一二年）の五月二十一日に日本で見られた金環日食が対になっていて、この陰陽二つの現象が合体・成就することによって、「伊都能売《いづのめ》の神」、すなわち、スの神＝㋹＝宇宙神のエネルギーがいよいよ世にもたらされるということです。

金環日食は、太陽がドーナツ状に見え、曇りのときのようにあたりが薄暗くなる様子を観察することができます。

金環日食が観察できるのは、日本の陸地に限ると、一九八七年九月二十三日に沖縄本島などで見られた金環日食以来のことで、次回も二〇三〇年六月一日に北海道で見られる金環日食まで十八年間起こらないことから、非常に珍しい現象とされています。

しかも、このときは新月が重なります。新月の夜空はいちばん暗く多くの星々が光り輝き、新たなスタートに最適なエネルギーを放っています。私は、この日食を境に宇宙の中心から放たれる陰陽の波動が結ばれて、王仁三郎が言った伊都能売の神の出現となるのではないかと思います。

王仁三郎は、伊都能売の神について、次のような示唆的な言葉を残しています。

「厳《いづ》と瑞《みづ》　陰《いん》と陽《よう》との神徳《しんとく》を世に照らします伊都能売の神
伊都能売の神のこころは　人皆《ひとみな》を御国《みくに》に渡し給ふにありけり
一脈《いちみゃく》の清き流れを注ぎつつ　世を洗います伊都能売の神
水濁《みずにご》り塵《ちり》にまぶるる浪花潟《なにはがた》よしも悪しきも澄《す》ます伊都能売」

「陰と陽との神徳」とあるように、みろくの世を開くために新たにもたらされる宇宙エネルギーには、陰陽二つの働きが含まれると解釈できます。

これは、科学的に考えても納得できる話です。

なぜなら、分離のない宇宙の中心から放たれるエネルギーは、これまでのニュートリノや重

8年前、著者が描いた「伊都能売」。

力波、あるいは、タキオンと呼ばれるものよりもさらに微細な素粒子であり、それはおそらく「単極磁気粒子」（磁気単極子＝モノポール）だと推定できるからです。

単極磁気というのは、磁石の一方の極（N極かS極）だけを持っている粒子で、宇宙の始まりであるビッグバンのときにできたと考えられているものの、現在の科学技術ではまだ発見されていません。

しかし、電気の場合、マイナスの電気を帯びた電子もプラスの電気を帯びたイオンなどもそれぞれ自由に動きまわれ、電気と磁気の性質は非常によく似ています。

そのことからも、N極だけ、S極だけを持ち、自由に動きまわれる「単極の磁気粒子（モノポール）」が存在すると考えたほうが、自然で合理的です。

古代より、さまざまな文明・文化において、陰（マイナス）と陽（プラス）の二つの極からモノ（一）が成り立っているという宇宙観が存在し、実際に科学の分野でもそれが発見、確認されてきたように、未知の究極の素粒子も陰陽から成ると考えられます。

だとすれば、昨年の皆既月食によってもたらされたのは、陰性の単極磁気であり、今年の金環日食後は、陽性の単極磁気が降り注がれる可能性があり、王仁三郎はそれを予知し

ていたのではないかと思われるのです。（金環日食後のことは、「あとがき」をお読みください）

あらゆる分離を超越した一元の世界とつながる

究極の陰陽の素粒子が融合することによって神徳、すなわちこれまでにない光の粒子がもたらされ、そこで一人でも多くの人が宇宙意識に目覚めることができる。そうすれば、世の濁りを洗い流す「大峠」を乗り越えた人びとによって、必ずやみろくの世を築いていける……。

私にはそう思えてなりません。なぜなら、宇宙意識とは、あらゆる分離を超越した、陰陽という二元論を超えた一元の世界（無限の次元）とつながることだからです。

前著で述べたように、数年前に私は〝それ〟を体験しました。

二〇一〇年、浄霊による不成仏霊の影響で極度の皮膚病にみまわれ、瀕死の状態に陥ってしまった私は、自分で開発した「オーロラX36」（電気エネルギー変容器）を使って、宇宙の中心に意識をチューニングし、ついに無限大の純白の世界に到達したのです。

そこは光も何もなく、ただただ透明に近い純白の無限大の世界がどこまでも広がり、「無」や「空」という言葉でしか現わすしかないとても不思議な世界で、私はこの宇宙神の懐（中心）を「センター・オブ・ユニバース（Center of Universe：COU）」と呼ぶことにしました。

このCOUとの一体化を経験した直後、私の身体に奇跡が起き、全身のひどい皮膚病が嘘のように改善して、テラヘルツ鉱石が私のもとに集まり、さらにCOUから出現したコスモドラゴンの目撃へとつながったのです。

そして、間もなく、陰と陽が融合した雄雌一体のコスモドラゴンのエネルギーと共鳴振動を起こすための「起龍宝珠《きりゅうほうじゅ》」を完成させる予定です。この「起龍宝珠」は、人びとの内なる龍を起こし、目覚めさせるための宝珠です。

王仁三郎が、「みろくの世に宗教があってどないするんや」と宗教への依存体質を喝破《かっぱ》したように、これからの水瓶座時代には、一人ひとりが救世主となって、ブッダやキリストのように意識を覚醒させ、愛善の道を歩んでいかなくてはなりません。

宗教のしがらみから早く解放されて、また、社会的な苦しみからも解放され、楽に生きてほしい。そのためには、私たちが大宇宙（宇宙創造神）に生かされていることをはっきりと自覚し、心を開放して、COUとの一体化という気づきを得ること。

それは、「私たちは何者か？」「どこから来てどこへ行くのか？」という永遠の問いに対する明確な答えを得ることでもあります。

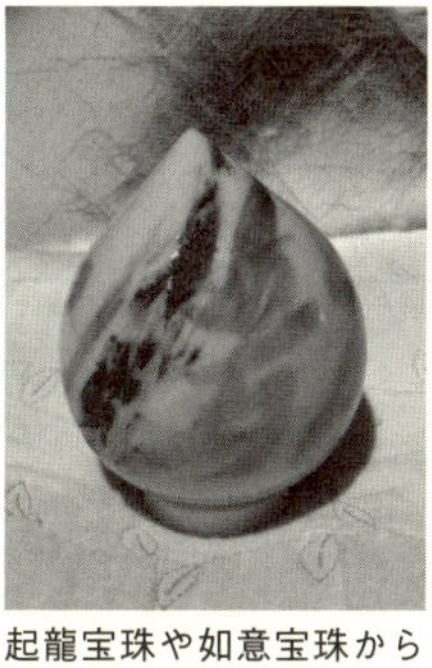
起龍宝珠や如意宝珠からは、磁場修正のエネルギーが出ている（写真は「起龍宝珠」）。

前述の長谷川さんもCOUとつながっているからこそ奇跡的なことを成しているわけで、今は、大いなる存在に生かされているという実感を得て、「自分自身を変えて、世直しをしよう！」とその気になりさえすれば、誰もがCOUとつながれる時代に入ったのです。

それが内なる龍を起こすことであり、誰もが幸せを手にできる方法。これからは一人ひとりがCOUとつながれるようになりましょう。そのための磁場修正の一つとして、霊石や波動石、テラヘルツ鉱石など数種類詰め合わせてつくった宝珠がお役に立てることを願っています。

そして今後は、宗教に依存するのではなく、宇宙的な思考法が大切です。そこでCOU（宇宙神の中心）とつながるための心構えや日常的な行動についても、皆さんにお伝えしたいと思います。希望者が十〜二十人ほど集まれば、全国どこにでもかけつけますので、関心のある方はどうぞお問い合わせください（巻末をご参照ください）。

みろくの世をつくるには、本当の自分はエゴ（自我）ではなく、神の分霊《わけみたま》であることに気づき、そのように生きていくことです。王仁三郎は、「愛善は、天国すなわち神の国よりほかにない」「現実界の愛には愛の善と愛の悪とがある」としたうえで、こう述べています。

「しかしながら吾々は、現界において絶対に愛悪の世界を愛善にすることは出来ないという考えをもってはいけないのであります。この現実界を愛善の世界にしようと思えば、まず神さま（著者注・本当の宇宙神）を信じ、そして神さまの御心になって現実界に臨んだならば、愛善の世界が築かれるのであります。いわゆる語を代えて言えば、『弥勒の世』が地上に樹つのである、天の岩戸が開くのであります。それでどこまでも、吾々は愛を徹底的に行なうてゆかねばならぬ」（『出口王仁三郎全集１』）

この言葉からもわかるように、みろくの世は愛の実践あるのみで、一人ひとりが波動を高めることがみろくの世につながるのです。愛は、実践行動学です。

だからこそ、この「テラ波動水」＝火を持つ水は、火水《かみ》の世（＝みろくの世）につながる鍵になると思います。

もし、人びとの意識が現在と変わらず、「我よし」「体主霊従《たいしゅれいじゅう》」のままであれば、間もなく到来するであろう「大峠」を越すことができずに、大本の予言通り人類の大半は滅びてしまうかもしれません。

しかし、人類の意識が変われば、宇宙の現象も変わります！

何が起ころうとも、月光という母なる慈愛のエネルギーが、人類の目覚めを促してくれています。

これ以上水を汚すな、

一刻も早く水を清めよ、

そして、命の水を活かせよ、と！

「我よし」から「愛善」へ、「体主霊従」から「霊主体従」へ、そして、一人でも多くの人が宇宙意識に目覚めることができれば、必ず大難を小難に変えられます。

そのためにも、龍体である日本列島に生まれ育ったあなたから、どうか、内なる龍を呼び覚ましていただきたい——切にそう願っています。

天渡《あまわた》る月の御神《みかみ》の御光《みひか》りは
　夜のまもりと仰《あふ》がるるかな

水分《みくまり》の恵みの露に湿《うる》ほひて
　万《よろづ》の物は生ひ立ちにける

（『霊界物語』第二八巻海洋萬里）

補筆・王仁三郎と縁のある読者との出会い

以下は、私の前著を読まれ、龍にまつわる奇しき縁によってつながった、王仁三郎の類魂を持つ天竜久建《てんりゅうひさたけ》さんと、日本の神々や宇宙の星々の意識体をチャネリングされる森中光生《もりなかこうせい》さんとの座談会です。ご参考までに、補筆として要点を収録させていただきます。

目覚める龍と龍神ネットワーク

編集者　まず、天竜さんから、櫻井先生（著者）と出会われたきっかけをお話しください。

天竜　最初は、櫻井先生が書かれた『出口王仁三郎の遺言』を本屋さんで見つけ、「遺言」というのが珍しいタイトルだったのでちょっと読んでみたら、わが意を得たり！　なところが随所にありました。

どこも読み飛ばせない内容の濃い本で、とくに「誰もがスの神につながることが一厘の仕組み」と仰っていたところに非常に共感しました。それで、この先生にぜひ会いたいと思って、連絡をさせていただきました。

櫻井　ありがとうございます。最初は銀座でお会いしましたね。

天竜　はい。あとで知ったんですが、あの日は奇しくも、明石海峡大橋が開通して十年目の記念日だったそうです。本州と淡路がつながった日です。

櫻井　橋がつながったんですよね、まさに。そのときでしたっけ？　王仁三郎の類魂であることがわかったのは。

天竜　いや、その少しあとです。なかなか言い出せなかったんですが、オリオンの三ツ星の話になりまして……。

櫻井　右腕に三ツ星が刻まれていたんですよね。そして奇しくも、ベテルギウスの箇所が赤色になっていたという。

天竜　そうですね、驚きました。

櫻井　生まれ変わりという話になると、いろいろと物議をかもすでしょうが、大事なことはそれが本当かどうかということではなく、自らの「お役目を果たす」という自覚をもって生ききることだと思います。こんな時代に生まれたのですから、とくに。

天竜　はい。オリオンの三ツ星もそうでしたが、私は、自分の思いやメッセージを完璧に理解してくださる方に今まで一度も出会ったことがなかったので、先生との出会いは本当に衝撃でした。

櫻井　ありがとうございます。

コスモドラゴンの降臨について話をする著者。

編集者　森中さん、櫻井先生との出会いを教えてください。

森中　私も本屋さんで知りました。出口王仁三郎には前から興味があって、本は何冊か読んでいたんですけれども。ちょうど、櫻井先生の本を買う一週間前ほどから、国常立尊《くにとこたちのみこと》をはじめとして日本の神々の霊言が始まっていたので、これを審神《さにわ》できる方がいらっしゃればぜひ会ってみたいと思っておりました。そこで、太陽出版の編集者の方に電話をして、先生とつながりまして。

天竜　（「国常立尊からの霊言」とは）言葉が降りてきたのですか？

森中　はい。それで、櫻井先生に京都駅の近くのホテルで二時間ちょっとお時間をとっていただいて、いろいろとお話をさせていただいたというのが最初の出会いでしたね。

櫻井　ええ、それが最初でしたね。

森中　先生に初めてお会いした一週間後に、琵琶湖の龍が目覚めたんです。先生がブログで「コスモドラゴン」について書かれた何日か後だったかと思うんですけど。それまで何十年か何万年か湖に眠っていた琵琶湖の龍が起き上がった……。

櫻井　琵琶湖の龍が動いたということは、王仁三郎が言うように、琵琶湖の「型」はカスピ海になるので、これからカスピ海も動くということです。

森中　そういうふうに龍神も言っていました。櫻井先生の名前を出したら、私たちが話した内容も龍はわかっていました。
櫻井　その後、また王仁三郎の類魂を持つ天竜さんが現われて……。
森中　やっぱり、「龍」つながりなんでしょうかね。
櫻井　そうね、龍のネットワークになってきているね。
森中　「われ今来ておるなり」ごめんなさい、今、霊言がありました。霊言によると、東京湾に眠る大銀龍という銀龍が降りまして、それは全長二キロメートル、胴回りが五メートルだそうです。この銀龍さんは、「私もやりましょう」ということで、今、この上に来ていますね。
天竜　はい、わかります。
櫻井　地上の龍たちは、宇宙のコスモドラゴンのエネルギーを受けて、下から上にあがるんです。
森中　なるほど。「さよう。この者がエネルギーを降ろしておるだろう。したがって、このエネルギーに感応して私の出番が来たというふうに解釈をしておる。それでよろしいかな」
一同　オォーッ!!（歓声）
櫻井　今日ここに来る前に、ちょうど銀龍の話をしていたところだったんです。
森中　「この度、国常立大神《くにとこたちのおおかみ》の計画によりて、この日本を型示しとして、日本から光を発信していく。この者（森中）が約一日十回ほどの光の導管となりて、女神をはじめ龍神、それから北極紫微宮《ほっきょくしびきゅう》、アンドロメダ――こうしたものの導管となりて、光を降ろしておるのである。これはまさに、日本から世界に向けて光を発信していくということの知らせであり、それが始まったばかりなり。

なかなかこれを信じる者は少ないであろうが、事実であるゆえにこの光を感知できるものは、実感として承認せざるを得ないであろう。われもそのうちの一柱として、この者を通して今働いておるなり」

櫻井　我われの心臓が刻一刻と動くことによって生かされているのは、宇宙の創造主のおかげで、私はそれをCenter of Universe（COU）と呼ばせてもらっているんですが、昨年（二〇一一年）十二月十日の皆既月食にCOUの蓋が開いた。それで今度の金環日食で陰と陽の日と月がクロスし、王仁三郎のいう「伊都能売《いづのめ》」になったわけです。

皆既月食のときに蓋が開いて、宇宙の中心から放たれたコスモドラゴンは、素粒子のようなタキオンの光より速い龍で、あっという間に地球を飛びぬけていっちゃうから、その東京湾に眠っていた大きな太古の龍が目覚めたんじゃないかな。

同じようにこれからは、世界中の龍が目覚めるでしょう。それと、王仁三郎は地球の修理固成は龍神がつくったと言いきっている。だから、立替え・立直しの大変な時代に龍神系が表に出てきたわけです。

天竜　実はこの間、五月六日に関東に大変な竜巻（注・茨城と栃木で発生した大規模竜巻）が起こりました。

櫻井　はい、ありましたね。

天竜　そのときに龍神さんが現われて、メッセージを残していったんです。それを書き留めたんですが、その大きな龍神さんがおっしゃるには、「私は間もなく、あなたたちのところに降りていきます。神が降臨することをたくさんの人びとに伝えてください。そして、必ずあなたたち、神を大切にする人びとをすばらしい世界に連れて行きます」そういう言葉でした。

櫻井　それは、最終的な大きな龍神さんのメッセージでしたか？

天竜　ええ。大きな龍神さんの言葉として聞こえてきました。

森中　「これを境にして、宇宙が大きく開闢《かいびゃく》すると考えてもらったらいかがか」――いま、龍神がそういうことを言っています。大きく時代が転換する、いわゆる精神文明の節目のことなんでしょう。「地球維新、銀河維新、そういうふうにとられてはどうか」と。

龍を起こす人びと

櫻井　今日集まってもらった人たちは、誰も龍神さんを拝んでいません。だから「起龍」なのよ。龍を起こすほう。

森中　そうですね。言われてみると、そんな感じがします。

櫻井　龍は拝んではダメよ。龍は耳が聞こえないから、いくら拝んでも聞かない。そもそも、我われ自身が元々宇宙にいた神々かもしれない。それが堕天使じゃないけど翼が取れて、ストーンと地球に降りた。地球が危ないから最終的にここに降りてきたとも言えるわけ。今、シリウス系の人たちが頑張っているのもそんな因縁がある……。

森中　僕がシリウス意識をチャネリングしたときに、僕は三十万年前にシリウスの意識体と契約をしたんだそうです。ちょうどアセンションというこの時期に地球に降り立って、銀河、アンドロメダ、そして今度のS銀河、三つが交互に交流しながら一度に進化する計画、それをすることを三十万年前に「させてください」と志願をして生

龍を起こすことや伊都能売の時代についての話は予定時間を大幅に過ぎてもりあがった。

まれてきたと、シリウスはそういうふうに僕に言っていました。

櫻井　そうですか。まあまあ、そういう意識があったのは確かでしょうね。

森中　証明のしようがないんですけれども。銀河と喋るのも不思議、シリウス意識と喋るのも不思議でしょうがなかったんだけれども、国常立尊《くにとこたちのみこと》に聞くと、間違っておらぬ、と。

櫻井　それは、ちょっとごめんなさいね。国常立《くにとこたち》というのは、地球をお守りしていた神で、大銀河とか宇宙とかは、大国常立《おおくにとこたち》が行ってみえるので、森中さんが言われる新しい銀河の話は初耳で、そんなキャラクターが今までにないので何とも……。

森中　そうですねぇ。ただ、天の川、アンドロメダ、S銀河……そして今度は、その奥が出てくるらしいんです。僕は、よくわからないからZ銀河って名づけているんですけど。本当はその奥の奥が出てくるんだそうです。

櫻井　それ、宇宙の中心、COUじゃないですか？

森中　そう。本源ですね。より本源。

櫻井　そこから出たのが、コスモドラゴンなんです。去年の十二月十日に。それは、原子よりもっと細かいクオークがあって、さらにプランク長があり、プランク長をもうこれ以上細かくできない最小単位である単極磁気エネルギーからできているようです。

宇宙は回転しているので磁気が発生しているんですが、元は単極磁気で、いわば雄と雌。だから、ニュートリノでもプラスとマイナスがあったり、素粒子でもプラスとマイナスがあり、それが回転しながら地球に飛び込んでくる。その影響で、去年の十二月十日から今年の五月二十一日までの間に龍たちが覚醒した。だから先駆けてこの三人が早く受け取ってるんじゃないですか。

森中　「そうです」すみません、僕が言ったんじゃないですよ！

櫻井　いいえ。どうぞ。

森中　国常立が、この地球を精神文明の世にしたいというふうに考えておられ、ちょうど二〇一二年、去年から今年にかけて、宗像三女神をはじめとする女性神が表に出るということを国常立が決定したそうです。

つまり、これまでの武家社会から転換することで、優しさ、いたわり、奉仕の心、こうした文明がこれから約八百年から千年続けていくことを決められ、それに従って龍神なり神々がいっせいに今動き始めた、というのが新しい時代の始まりのようですね。つまり、男性性エネルギーと女性性エネルギーの統合。

櫻井　それが、伊都能売《いづのめ》。陰と陽の統合ですね。森中さんは月のエネルギーもチャネリングされていますよね。

月のエネルギーに共振する

森中　「月意識とこの者が喋って以来、強力な光でこの者に投げかける。これは、この者だけでなくて、これから人びとが太陽に話しかけ、月に話しかければ、太陽も月も金星も光ってくれるという、そういう時代が来ているのであるから、皆もぜひ惑星や月や星、そういうものと仲良くなり、浄化の道を歩んでいただきたい」と、このように言っておられます。月は、それまで一生懸命話しかけたんだけど、全然反応がなかったんです。でも今は、月や金星からもすぐに反応があります。そんな時代に変わったんですね。

櫻井　テラヘルツですよ。

森中　ああ、まさに。そのときの波動が似ています。

櫻井　一秒間に一兆回の振動で入ってくるので、熱いですね。

森中　お月さんもそうです。こちらが喋りかければワーっと光りますね。先生がおっしゃるように、先生

著者のつくった宝珠。炎の形でもあり、しずくの形でもある。まさに火と水を持つ。

が作られた「宝珠」の中に月のエネルギーがたくさん入ってきますね。

櫻井　そうです。

森中　（月のエネルギーは）骨の髄まで入ってきます。

櫻井　宝珠っていうのは、桃を持った観音さん。桃も宝珠でしょ？

森中　はい。

櫻井　で、花が咲く前は？

天竜　つぼみ。

櫻井　そう、つぼみ。それから種。で、地球も太陽風と呼ばれるプラズマが当たると、この宝珠のようなエネルギーの形になるんですよ。

森中　あー、なるほど。

天竜　先生の宝珠は、一つひとつ違う働きがあるから、私にとっては全部必要です。パール宝珠は、魂が光りますね。その人のハートにあるものが出てきて。地上の自分の行動がわかりやすくなります。大宝珠は、七つ線が切ってあって、七つのチャクラが強くなって、七つのエネルギー層が全部清まりますね。全部本当にチャクラが開いて浄化される。

櫻井　わかっていただけるとうれしいですよ。

天竜　霊界に、善い願望がつくられるわけですよね。ビジョンが。それが、下に降りて来るから如意宝珠なんだっていうのが、あれを持ったら初めてわかってうれしかったです。

櫻井　うれしいな。型が違うのでいろいろと大変なんですけど、なんか作らされるんですね。どうしても作りたくなる。

エネルギーを形として創造する役目

森中　先生、すいません。先生の後ろに仙人みたいな方がいらして、その方が命じていらっしゃいますと……。

天竜　あぁ。

森中　先生の左の肩あたりにいらっしゃいます。

櫻井　あぁ、そうですか。

森中　ええ、その仙人の方がどうしても作らせたいので、作らせておると。

櫻井　千人もいるんですか？

森中　そうですね。ハハハ。

天竜　なんかこう、白い衣みたいな感じの。

森中　はい、そうです。

天竜　すごい光を放ってらっしゃいますね。
森中　はい、はい、そうです。
天竜　ちょっと髪の毛が、先生みたいに長い感じ。
森中　「だけど、時々、早く作れというのに、1カ月もほったらかしになっておる」と言われております。
櫻井　ハハハ、ありがとう。そのときは、申し訳ございませんでした。また体が熱くなってきました。
森中　先生の背後霊でいらっしゃる中国の仙人の方が、「この者の使命とは、霊的な力、エネルギー、パワーを形に表わす、形に作り上げる——想像してつくりあげるのが、そなた（櫻井先生）の大きな役割。まさに、目に見える形で、わからない者に手に取ってわからすようにエネルギー体を形として創造することが、そなたの役割である」とおっしゃっています。
天竜　私もそう思います。
森中　「まだまだ、これから大きな仕事があるのであるが、それはまぁ追々伝えていくことにする。よくよくしっかり取れよ。時々抜け落ちておる」
櫻井　手を抜くなってこと？（笑）。
森中　「見えるものを創造して、現実に三次元レベルに作り上げる。これがそなた（先生）

の大きな役割」そういう言い方をしています。僕が直感的に感じるのは、ピラミッド状の物の中に入ると人間の意識の変容、覚醒が起きるようなもの。「最終的にそれを狙っておる」。

櫻井「オーロラ」だ。

森中「オーロラ」って？

櫻井僕が開発した製品で、この「オーロラX36」を通して音を耳で聴くと、脳内の松果体《しょうかたい》が発光するんです。

森中あーなるほど。「それも一つなり。まだ奥の奥がある。そなたは物を通して、人間の進化、意識の進化、レベルアップ、まぁあなた方のいうアセンションであろうか、そうした五次元波動に導くためのツールをつくる、大きなものがまだまだ残っておる」というふうな言い方をされています。

櫻井そして、私に降ろす⁉

森中「さよう。そういう仕組みなり」

櫻井今までは、私一人でシリウスに行って、シリウスの最高の技術を持ってきていたんです。このオーロラを使ってレコーディングしたりすると、音がまったく変わっちゃう。聞こえない音が聞こえてくる。それとは、また違うってことだね。

森中「大きな仕事であるから、楽しみにするがよい」

櫻井　次の仕事がね……。

森中　「命がいつまでもあると思うなよ。時間は限られておるぞ」

櫻井　はい、わかりました！　天竜さん、森中さんのお二人にもとても大事なお役目があるので、これから龍たちの力を結集し、皆で協力しあって世の立替え・立直しに尽力していきましょう。

（二〇一二年五月二十八日　於・恵比寿／撮影協力＝今成宗和）

日本経済が沈む夕焼け空の前に立つ、この世の悪をすべて食べつくす鳳凰（絵＝著者）。その後には月が待っている。

参考文献

『霊界物語』出口王仁三郎　八幡書店、愛善世界社
『朝嵐』出口王仁三郎　あいぜん出版
『玉鏡』出口王仁三郎　天声社
『月鏡』出口王仁三郎　みいづ舎
『水鏡』出口王仁三郎　みいづ舎
『出口なお 王仁三郎の予言・確言』出口和明　みいづ舎
『神霊界』出口王仁三郎編　八幡書店
『続・瑞能神歌』出口王仁三郎
『新月の光』出口王仁三郎　木庭次守編　八幡書店
『伊都能売神諭』出口王仁三郎　八幡書店
『出口王仁三郎全集１』出口王仁三郎　あいぜん出版
『出口王仁三郎全集５』出口王仁三郎　あいぜん出版
『愛善の道』出口王仁三郎　愛善苑編　あいぜん出版
『大本神諭（火の巻）』出口なお　村上重校注　平凡社
『花いろいろ　出口王仁三郎聖師側近七年の記録』三浦玖仁子　天声社

『真偽二道』大国美都雄
『シオン長老の議定書』四王天延孝原訳　太田龍補訳・解説　成甲書房
『イルミナティ　世界を強奪したカルト』ヘンリー・メイコウ　太田龍監訳　成甲書房
『図解　世界「闇の支配者」』ベンジャミン・フルフォード　扶桑社
『驚愕の真相3・11人工地震でなぜ日本は狙われたか［I］［II］』泉パウロ　ヒカルランド
『ヨハネの黙示録』フランシスコ会聖書研究所訳　サンパウロ
『月の魔力』A・L・リーバー　藤原美子訳　東京書籍
『月の誘惑』志賀勝　はまの出版
『電気システムとしての人体』久保田博南　講談社ブルーバックス
『マインドコントロールX』池田整治　ビジネス社
『脱・洗脳支配』池田整治　徳間書店
「人類愛善新聞」人類愛善会機関誌
「THRIVE スライブ」（DVD）フォスター・ギャンブル

あとがき

このあとがきを書いている五月二十一日の朝、日本中の人びとが熱い視線とともに大空を見上げながら待ちに待っていた、金環日食が起きました。九州から関東にかけての広域で金環日食、北陸や北海道、東北など日本全国で部分日食に出合え、これほど広い地域で金環日食を観測できたのは、実に九百三十二年ぶりだそうです。

この神秘的な現象を目撃した当時の日本は、まだ平安時代。突如として天空に出現した金のリングを見た人びとは、さぞや驚いたことでしょう。

日食とは、太陽、月、地球が一直線に並んだとき、太陽が月の陰に隠れて欠けて見える現象をいいます。とはいえ、月が地球の周りを回る公転軌道が、地球が太陽の周りを回る軌道に比べてわずかに傾いているため、この三つが真っすぐに並ぶことは極めてまれな出来事です。

しかも、太陽の直径が月の約四百倍、地球から太陽への距離も月への約四百倍という偶然、そして、月の公転が楕円軌道を描くため、その距離に約一割の変化が起きる条件が重なることによって、太陽の外縁だけが光り輝く金環日食が生まれることを考えると、まさに奇跡的な現象と言えます。

さらに、東京で次に金環日食に合えるのは三百年先のことであり、今回は、日本列島の龍体をゆっくりとなぞるかのように、太平洋側の各地で多く観測できたことは、よほど特別な意味がある、そう私は思っています。

それは、本文中で述べたように、二〇一一年に起きた皆既月食によって天の扉が開いてコスモドラゴンが地上へ降臨したこととの合わせ鏡、すなわち、陰と陽、雌雄一体、男と女、プラスとマイナス、右と左、光と影……あらゆる二極のバランスが統合に向かって整い始めたことを意味しています。

それは、これまでの太陽を主役とした「日月《ひつき》」の時代から、月が主役になる「月日《つきひ》」の時代に移行した型示しで、光と影の融合、つまり、太陽が真上に来るために影ができない〝光のみの状態〟になったことを私たちに教えてくれているのです。

影がないということは、「ひふみ（日月）神示」（岡本天明氏が降ろした神示）の時代はもはや終わりを告げ、次なる光の時代がスタートしたということです。そのために、誰もが月日のメッセージ＝宇宙神からの神示をダイレクトに受け取りやすくなった。このことを、王仁三郎は「伊都能売《いづのめ》」の時代と言ったのです。

過去の「日月神示」から、新たな「伊都能売」の時代へ！

伊都能売の神（＝分離のない宇宙神）は、一人ひとりの御魂の中にいます。

コスモドラゴンとともにその「内なる神」を起こして、これから訪れるであろう「大峠」という試練を乗り越えて愛善の世を築くか？　それとも「大峠」に飲み込まれて、「内なる神」を見失ってしまうか？　誰もがその選択を間もなく迫られることになると思います。

しかし、「内なる神」は、あなたが不安と怖れを手放して、自らの手で魂の扉（岩戸）を開くことを願っています——どうか、くれぐれもそれを忘れないでください。本書が、少しでもそのためのお役に立てることを切に願ってやみません。

最後になりましたが、前著に続いて本書を出版していただきました、太陽出版の籠宮良治社長、ならびに企画編集してくださった、同社の西田和代さんに心より御礼申し上げます。

平成二十四年五月二十一日　金環日食の朝に記す

櫻井　喜美夫

現在、内なる龍を呼び起こし、夢を実現化するための「雷鳥セミナー」を全国で行っています。
ご興味がおありの方は、下記までお問い合わせください。

……………………………………

[セミナー問い合わせ先]

ウェブサイト
http://raichosha.shop-pro.jp/
(雷鳥倶楽部)

メールアドレス
raichosha@gmail.com

[著者連絡先]

ウェブサイト
http://sakuraikimio.com/

ブログ
http://ameblo.jp/sakuraikimio/

出口王仁三郎の大復活
―コスモドラゴン降臨―

著者略歴

櫻井喜美夫（さくらい・きみお）

発明光房代表。霊能師・シリウスチャネラー・発明家。
1947年愛知県生まれ。出口王仁三郎聖師の霊統を引き継いだ霊能師として、全国各地において成仏や場を清める儀式を始めるとともに、30代からは大本裏神業の追体験を始め、現在もそれらをたばねる神業を続けている。同時に、電磁波や不成仏霊など人体にさまざまな影響を及ぼす波動から身を守り、本来の正常な波動に整えるための製品の開発に力を入れる。30年以上鉱物の研究に携わってきた経験と知見に基づいて、特殊セラミックスを使用したオリジナルのエネルギーグッズを開発。なかでも最も強力なテラヘルツ波を発するテラヘルツ波動鉱石キミオライトは、各方面から熱い注目をあびている。著書に『出口王仁三郎の遺言』（太陽出版）がある。

2012年8月17日　第1刷

［著者］
櫻井喜美夫

［発行者］
籠宮良治

［発行所］
太陽出版

東京都文京区本郷4-1-14　〒113-0033
TEL 03（3814）0471 FAX 03（3814）2366
http://www.taiyoshuppan.net/
E-mail info@taiyoshuppan.net

イラスト＝中島直美
装幀＝今野美佐（21世紀BOX）
［印刷］壮光舎印刷［製本］井上製本
ISBN978-4-88469-747-1